扫码观看“国家级非物质文化遗产代表性传承人——吕大兴”综述片

浙江省非物质文化遗产

茶灯戏

代表性传承人口述史丛书

《吕大兴》卷

金一媚 编著

郭艺 主编

浙江摄影出版社
全国百佳图书出版单位

序　言

浙江省非物质文化遗产代表性传承人抢救性记录是新时期非物质文化遗产保护的一项重要工作。自2015年起，国家级非物质文化遗产代表性传承人抢救记录工程全面启动。2016年，浙江省级非物质文化遗产代表性传承人抢救记录顺势推进。针对非物质文化遗产代表性传承人采用数字化多媒体等现代信息技术手段进行人物访谈、传承实践、带徒教学的全方位记录。对已有文献资料进行收集，建立传承人专项数据库，并将记录成果编纂成书。

非物质文化遗产代表性传承人，掌握着丰富的知识与精湛技艺，是历史文化的重要承载者和传递者。代表性传承人所承载的精湛技艺、实践经验、文化记忆和传承能力，是非物质文化遗产传承发展的核心内容与动力来源。由于代表性传承人在非物质文化遗产传承中的核心作用与不可替代性，加之浙江省级代表性传承人大多年事已高，代表性传承人及其技艺的记录尤为紧迫。通过全面、真实、系统的记录浙江省级非物质文化遗产代表性传承人掌握的知识和技艺，不仅能够保留中华优秀传统文化基因，也为后人研究、宣传、利用非物质文化遗产留下宝贵资料，对传承和弘扬传统文化，构建中华民族优秀传统文化传承体系，具有重要意义，这是一项与时间家赛跑的工作。

将抢救性记录中的口述访谈内容梳理转化成口述史，是一项极为繁重的工作，不仅要保留口述真实的特点，还要强化文字语言的严谨。该套丛书是浙江在开展浙江省级非物质文化遗产代表性传承人抢救性记录工作的基础上，组织专家、专业人员撰写。在丛书编纂过程中，既尊重传承人口述的真实性，又兼顾可读性，在不改变传承人原意的前提下对文字进行了部分调整。

该套丛书以传承人为单元，一人一书，单独成卷。传承人作为第一人称口述的角度，记录了浙江省级非物质文化遗产代表性传承人传承实践的丰富历程，讲述了传承人多彩的人生故事。该书还对传承人所属的项目进行介绍，从文化价值、存续状况、传承保护等方面叙述项目的基本概况。从生平事迹、学艺师承、授徒传承角度阐述传承人的生平纪略。丛书的重点定位在传承人的从艺经历、实践经验、传承状态等内容。此外，与传承人相关的人员，从不同角度，多层次地补充了传承人的经历。书中还附录了传承人个人年表、文献图录等，完善了这部口述史丛书的学术价值。

该套丛书历经多年编撰。浙江省非物质文化遗产保护中心主持该套丛书的编撰，组织非物质文化遗产专家、文化学者、出版编辑等，讨论丛书的框架、体例、版式；丛书分卷作者用心编撰书稿，倾注心力，反复斟酌文字，不厌其烦地查阅资料、核对内容；代表性传承人及其家人积极主动参与到丛书的编撰过程中，正是因为有各方的共同努力才促成了该套丛书的付梓出版。

我们相信，《浙江省级非物质文化遗产代表性传承人口述史丛书》能为有志于非物质文化遗产保护的工作者、研究者铺路搭桥，提供丰富翔实、鲜活的一线资料，同时也希望能将记录成果更好发挥作用，让非物质文化遗产保护成果能惠及更多民众，为社会共享。

丛书编委会

目　录

第一章　项目概况

茶灯戏，俗称“茶戏”，产生于宋代，是由民间小调、劳动山歌和灯舞演变而成的传统地方戏曲，明末清初流传于衢州市衢江区。2007 年，衢州市衢江区洋坑村茶灯戏被列入浙江省第二批非物质文化遗产代表性项目名录。

一、历史沿革

据浙江省艺术研究院专家考证，茶灯戏起源于安徽、江西一带山区农村，是宋代延传下来的一种茶文化表演形式，是茶农为庆祝茶叶丰收和企盼来年茶叶好收成而组织的欢庆之举，至今已有 1000 多年历史。约清朝顺治十五年（1658），江西婺源人到今衢州市衢江区举村乡洋坑村从事采茶制茶业，将茶灯戏传入洋坑村。因其表演内容多为采茶制茶的劳动过程，加上载歌载舞的表演形式，富于浓厚的乡

洋坑民俗风情村

茶灯戏演出道具——三星台桌布

土气息和欢快气氛，受到洋坑村及周边乌溪江山区群众的欢迎。还传至衢北地区上方、灰坪等地。许多洋坑村人既是茶灯戏的观众又是茶灯戏的表演者，洋坑茶灯戏因而在洋坑村得以代代相传。至今，该村仍存有一件距今300余年的茶灯戏标志物——绣有福、禄、寿三星的台桌布。

茶灯戏传入洋坑村后，演出的传统曲目一直没有改变，共有《开茶园》《卖花线》《走广东》《王婆骂鸡》《卖棉纱》《卖小布》《绣花鞋》《打花鼓》《采桑》《大补缸》《补碗》《看相》等12部。

早期洋坑茶灯戏奉行传内不传外的祖训，收徒授艺都以洋坑村本地人为主。20世纪50年代初开始，茶灯戏传承到岭洋、湖南等周边乡镇，及遂昌、龙游等邻县。

中华人民共和国成立初期，洋坑茶灯戏传承发展进入鼎盛期，演出队伍齐整稳定，该村茶灯戏班拥有演员、乐手30人之多；演出范围从洋坑村及周边乡村向龙游、江山、遂昌等邻县扩展延伸；演出时段也不再局限于逢年过节，每逢节庆或者乡村组织文化活动，舞台上都有洋坑茶灯戏的身影。“文化大革命”期间，洋坑茶灯戏被视为“四旧”遭到批判，戏班解散，道具服装遗失损毁，演出活动被迫中断。1983年，衢州市举办全市地方戏汇演，中断近20年的洋坑茶灯

吕大兴观看剧本

戏得以重现戏曲舞台。是年7月，举村乡专门派出文化站干部深入洋坑村，组织并开展茶灯戏重新排演工作。之后，先后排演《开茶园》《王婆骂鸡》两个曲目，并参加衢州市地方戏汇演，获得纪念奖。后又因种种缘由，洋坑茶灯戏演出活动再度中止。

2006年，濒临失传的洋坑茶灯戏在民族民间艺术资源普查活动中再度被发现。同年7月，区、乡两级政府组织相关人员开展洋坑茶灯戏抢救工作，邀请村里老艺人吕大兴等座谈。此后，历时14天，吕大兴凭记忆，将12部洋坑茶灯戏一一口述成文，予以记录，形成固定的文字剧本。至此，洋坑茶灯戏结束了350余年来无文字剧本、仅靠老艺人口口相传的历史。在此基础上，建成儿童剧团和成人剧团两支演出队伍，将12部茶灯戏全部复排演出，自1983年演出后停演23年之久的洋坑茶灯戏再度回到戏曲舞台。

二、表现形式与特征

洋坑村茶灯戏是由民间歌舞发展为民间小戏的地方剧种。一般为“二人小戏”“三人小戏”，有简单的人物设置和故事情节。均为小型歌舞剧，没有大型戏班。曲目都反映基层民众生活，有着浓厚的地方色彩和人情味，多以喜剧、闹剧为主，较少正剧和悲剧。音乐以茶歌、小调为主，男女同曲异调。曲调有几十种，每个曲目用一两个

茶灯戏参加衢江区非遗展演

曲调。

洋坑茶灯戏最大的特点是由十几岁的孩童表演。最初专门由男童扮演，直到20世纪60年代初才出现男童女童同台表演。2006年出现成人剧团，与儿童剧团并存。洋坑茶灯戏演职人员阵容一直保持稳定不变，一般由10余名前台演员和5名后台乐队成员组成。

茶灯戏表演时，由表演队和乐队两部分组成。表演队主要由当地十来岁的少年组成，俗称“小鬼演大人戏”。表演时，保持茶歌、灯舞和花鼓载歌载舞的特点，舞蹈动作一般以模拟采茶劳动中的动作为主，清新明快，活泼优美。表演通常为一男一女，或一男两女，也可以是数人至数十人的集体歌舞。表演时男女演员均身着彩色服装。

茶灯戏男演员手拿钱尺（鞭），以作为扁担、锄头、撑船杆等道具；女演员手拿花扇，以作为竹篮、雨伞或盛茶器具。还会用到用纸糊的各种器具。

其音乐唱腔属于曲牌体，以茶腔和灯腔为主，兼有路腔和杂调，俗称“三腔一调”。乐队伴奏均为民间乐器，主要有勾筒（二胡类）、唢呐、锣、鼓、钹和笛子。

茶灯戏与山区群众劳动生活密切相关，每逢过年过节或遇上农

茶灯戏戏服

茶灯戏戏帽

茶灯戏戏帽

家婚嫁乔迁等喜事，都会组织茶灯戏表演。先是到农户家上茶灯，唱一曲采茶歌，预示为农家带来好运，然后登上戏台正式开演。茶灯戏单曲演出时间较短，一般在20分钟左右，最长的大约30分钟。

茶灯戏戏班子组织灵活，一般由发起人担当负责人，临时组织演员排练曲目，演出活动结束戏班子即告解散。

三、传承与发展情况

约清朝顺治十五年（1658），茶灯戏从江西婺源传入洋坑村，此后360余年一直盛行于洋坑村及其周边地区。目前，茶灯戏不仅在洋坑村有传承，衢江区湖南镇、后溪镇、灰坪乡等山区乡镇以“茶灯”形式表演的民间小戏均为洋坑村茶灯戏的延伸和发展。

洋坑茶灯戏演出一直仅有12部传统曲目。改革开放以后，在当地文化部门和村中老艺人的共同努力下，新编《新开茶园》《劝君莫赌博》《山村农家买电脑》等多部现代曲目，反映新时代劳动群众的新生活、新风尚，进一步拓宽了茶灯戏题材内容，升华了茶灯戏主题思想，扩大了茶灯戏影响效应。

受男尊女卑封建思想影响，洋坑茶灯戏长期以来禁止女性登台表演，戏中旦角均由男性扮演，直到20世纪60年代初才破除这一旧规，出现女性登台表演的新气象。如今，洋坑茶灯戏所有旦角均由女性演员扮演。

旧时的洋坑茶灯戏对演员的年龄要求非常严格，一般都是挑选十一到十三岁的男童做演员，大于这个年龄段就要被淘汰。因为舞台生涯短暂，很多演员的演技没有长进，从而较为严重地制约了洋坑茶灯戏的发展和传承。2006年9月，乡政府文化部门专门从洋坑村招收10名茶灯戏中青年爱好者，成立成人茶灯戏剧团，洋坑茶灯戏演员成分第一次发生重大变化。

洋坑茶灯戏长期以来组织松散，没有固定的演出班子，每当需要组织演出活动，一般都由村里的老艺人临时充当负责人组织人马，搭建班子。2006年7月以后，村里相继建立起儿童茶灯戏剧团和成人茶灯戏剧团两支演出队伍。2008年，洋坑村成立专门的茶灯戏演出剧团，共有剧团演员30余人。自此，洋坑茶灯戏拥有固定演出队伍，可根据不同需要，安排不同的演出队伍登台表演。

近年来，洋坑茶灯戏的传承和发展受到市、区两级政府部门的高度重视和关怀。一方面开展对洋坑茶灯戏的改编和新编工作，为洋

茶灯戏在永康参加“浙江好腔调”表演

衢江区实验小学《开茶园》节目获衢州市中小学生艺术节展演一等奖

坑茶灯戏增添健康向上的时代新内容；另一方面为洋坑茶灯戏传承和发展加大新人培育力度，使洋坑茶灯戏后继有人。从 2016 年 9 月开始，在衢江区实验小学专门创建茶灯戏工作坊，招收 16 名五六年级的女生，邀请洋坑茶灯戏老艺人和衢州市西安高腔传习所的戏曲老师做指导老师，利用每周三的拓展课堂，开展洋坑茶灯戏课堂教学，排练《开茶园》《绣花鞋》两部洋坑茶灯戏传统曲目。每年的儿童节、重阳节，实验小学茶灯戏工作坊的小演员们都要进相关敬老院开展慰问展演。2018 年 6 月，《开茶园》参加衢州市中小学生艺术节展演，获得地方戏类一等奖，茶灯戏工作坊作为组织单位也获得一等奖。

第二章　人物小传

洋坑茶灯戏传承人吕大兴，男，汉族，1934年2月2日出生于衢州市衢江区举村乡洋坑村一个贫苦农民家庭。吕大兴从小从事农业劳动，11岁至12岁时断断续续读过一年半私塾。

中华人民共和国成立初期，他进洋坑村扫盲夜校学习一年。11岁时开始跟随姑父学习洋坑茶灯戏表演，13岁时因年龄和身高原因离开表演舞台。

吕大兴家里祖孙六代都从事过洋坑茶灯戏表演。从曾祖父吕雅顺开始，到祖父吕颂坤，父亲吕德清，再到儿媳翁锡娣，孙子吕坤裕，都是洋坑茶灯戏戏班的演出骨干。

吕大兴

吕大兴为家中长子，下有两个弟弟、一个妹妹。大弟名叫吕大生，务农，没有从事过洋坑茶灯戏表演。小弟幼时因病夭折。妹妹吕翠花，务农，从事过洋坑茶灯戏表演。

吕大兴幼年时家境贫寒。他 12 岁那年，父亲到隔壁乡镇大洲镇范家村挑石灰，回家路上因看见被日军杀害的当地民众的尸体而受到惊吓，到家之后便一病不起，半个月后不治身亡。这一年，吕大兴家极为不顺，曾祖母、祖父和小弟相继患病离世。少年丧父的吕大兴，小小年纪便和母亲共同操持家庭生活，下地种田，上山砍柴，挑起家庭生活的重担。

洋坑村是茶灯戏之乡，历史上洋坑茶灯戏非常盛行，闻名于附近十里八乡，村里男女老少人人喜爱茶灯戏表演。11 岁那年的农历正月初三，吕大兴拜姑父朱英源为师，开始学习茶灯戏。吕大兴学戏非常刻苦专心，仅用两天时间就把《开茶园》《王婆骂鸡》等曲目的台词背熟，五天时间完成《开茶园》《王婆骂鸡》两部曲目的排练。正月初八，他第一次登上村里的朱氏祠堂演出茶灯戏入门曲目《开茶园》；正月初九，第一次参加茶灯戏外出演出，分别到邻县遂昌、龙游等地巡演。一年之后，12 岁的吕大兴便能演唱洋坑茶灯戏的所有曲目。13 岁那年的正月廿八，他在龙游县八角殿村做最后一场演出，演出曲目为《开茶园》。此后，按照洋坑茶灯戏的演员选择标准，他

吕大兴徒弟翁珍花在表演

因为身材过高退出洋坑茶灯戏戏班，结束了仅两年时间的舞台演艺生涯。

吕大兴当初拜师学习茶灯戏表演以扮演旦角为主，如《王婆骂鸡》里的李妈妈、《开茶园》里的李妈妈、《走广东》里的阿妹等。吕大兴扮演的旦角，扮相俊美，声腔婉转，肢体语言优美，深受观众喜爱。观众所赠送的花生、瓜子、糖果等奖赏也最多。因为记性好，悟性强，戏班子都安排吕大兴担纲《走广东》《卖棉纱》这些情节复杂、台词丰富的曲目的主演。

1954年，有一定文化程度的吕大兴被招进当时的翁源乡信用社，做了两年的信用社职工。1959年，衢北铜山源水库开工建设，吕大兴担任乌溪江建设兵团司务长，后改当文书一职。

1956年，吕大兴和邻村农家女翁七英结婚，育有三儿两女，均在家务农。

洋坑茶灯戏，自清顺治年间从江西婺源传入后，一直依靠老艺人口口相传，没有自己的文字剧本。改革开放后，随着山区农民文化生活的丰富，茶灯戏从山区农民的日常文化生活中逐渐淡出。因而，现如今洋坑茶灯戏传承青黄不接，面临失传。

2006年7月，衢州市衢江区和举村乡及洋坑村三级相关部门着手开展茶灯戏挖掘和整理工作。当时已经73岁的吕大兴，作为村里

吕大兴在指导徒弟表演

为数不多的茶灯戏老艺人，被邀请参加这项抢救性工作。在区、乡文化干部的帮助下，吕大兴凭借自己的超强记忆力，在14天时间里，不辞辛苦，不计报酬，完成了12部茶灯戏传统曲目的口述记录，并最终形成了12部茶灯戏的文字剧本。吕大兴的这一行为，得到业内外广泛的赞誉，被称为“洋坑茶灯戏传承第一人”。

吕大兴对洋坑茶灯戏传承的另一重大贡献是教戏育人。2006年7月19日，他完成茶灯戏传统曲目口述记录后，立即转入茶灯戏的教学工作。利用暑假时间，经过40多天的精心教学，他带出一支由12名小学生组成的洋坑茶灯戏儿童戏班，将12部传统茶灯戏全部搬上舞台。之后，他又接受村里的邀请，为茶灯戏成人戏班教戏。经过两个多月的刻苦教学，先后带出翁珍花、吕秀香等40余位成人演员。其儿媳翁锡娣、孙子吕坤裕也同期被相继带出。从此，洋坑茶灯戏拥有两支固定的演艺队伍，得以完整地传承。

为表彰吕大兴对茶灯戏传承所做出的重大贡献，2007年，省文化厅授予吕大兴“省级文化示范户”称号。同年10月，吕大兴因对传承和发展洋坑茶灯戏做出重大贡献，被省文化厅认定为浙江省非物质文化遗产茶灯戏代表性传承人。

第三章　口述访谈

时间：2019 年 10 月 20 日

地点：衢州市衢江区举村乡洋坑村吕大兴家

采访者：学术委员金一媚

受访者：茶灯戏省级代表性传承人吕大兴

一、洋坑山上有很多野茶树，茶灯戏因此能在此落脚

采访者：**吕老师，您好！您是目前村里年岁最长的茶灯戏老艺人，对茶灯戏最为了解，请您先详细介绍一下洋坑村和洋坑茶灯戏的基本情况。**

吕大兴接受学术委员访谈

洋坑村雪景

吕大兴：好的。洋坑村位于衢州市的东南边，乌溪江库区的最深处，从衢州城出发往南要走60多公里路才能到达洋坑村，离举村乡政府所在地也有20多公里远。东南面分别和遂昌、龙游等县交界，是一个三县交界的边界村。整个村庄海拔800多米，是地地道道的深山区、老山区，村子的四面八方都是大山头，一座挨着一座，你要是爬上最高的山头往四下里瞭一眼，根本就望不到尽头。山林有杉树、松树和毛竹，以毛竹为多，进山的路两边都是毛竹林。过去没有修公路的时候，靠一条小土路和山外面连通。要是我们到衢州城办事，或者买生产生活用品，走一趟要两头黑，早上天没亮就动身，晚上天大黑才能回到家。现在有公路了，是水泥路，交通好起来，坐中巴车到城里只要两个多小时。村里人不多，只有200多户人

洋坑村古树

家，老老少少共530多人，是个小山村。这些年，一部分人出去到杭州、上海等大地方打工，一部分人响应政府号召下山脱贫，把家安到了廿里镇这些生活方便的田区集镇上，常年留在村里的人已经不多，不大看得到年轻人和小孩子。这点很叫人担心，年轻人和孩子们都出去了，山里以后还有谁呀？我们洋坑茶灯戏还有谁来演呀？村里三分之一多的人姓蓝，畲族，洋坑村是衢江区畲族少数民族村；姓朱的人也比较多；我们吕姓的有十多户，都是本家。

我们村绝大多数的人家是外地迁进来的，很早很早以前，从福建、江西那些地方迁移过来，本地人不多。据老一辈说，最早过来的是朱姓人的太公，宋朝理学大家朱熹的后代呢，从福建那边过来的。一般来说，从前来洋坑这种与世隔绝的深山老林，十有八九是生活不如意的人，有些是逃荒逃来的，有些是避难避到这里，五花八门。过去，这里的生活非常艰苦，也比较落后，大家一年到头都窝在一个山窝窝里，跟外界接触很少，生活比较封闭。所以说，洋坑村从前是一个很封闭、很单纯的小山村。当然，外来人口多也有个好处，你来我往，大家可以把其他地方不同的文化带进来。洋坑村有很多福建过来的，江西过来的，那么，江西有什么好玩的，福建有什么好玩的，都

刚摘下来的茶叶

会带进来。洋坑茶灯戏，可能就是在这种情况下带进来的。

洋坑还有个周边村庄不大多的东西，就是我们这里的山上有很多很多的野茶树，大块小块加起来有300多亩吧，都是古时候就有的。由于野茶多，有个自然村村名就叫“茶淤”。一直以来，这里手工揉制的高山云雾茶在衢州一带很有名气。后来，村里人一年一年又种了很多茶树，几百年下来，茶叶就成为洋坑村的一项山林经济，全村茶叶山最多时发展到上千亩。茶叶和茶叶相关的行业，像做茶、贩卖茶叶，都是茶灯戏创作的素材，茶灯戏能在洋坑流传下来，肯定和这个方面有直接关系的。你看，凡是有茶灯戏的地方，必定有茶叶；一个没有茶叶的地方，茶灯戏是没有根的。

可见，茶灯戏能在洋坑落脚和发展，跟洋坑村特有的地理和风俗等环境条件分不开。

采访者：吕老师，那洋坑茶灯戏是本地传统就有的，还是从外地传入的?

吕大兴：洋坑茶灯戏不是本地土生土长的。据村里老一辈流传下来的说法，应该是360多年前，由几个江西婺源人从婺源那边带过

吕大兴在回忆茶灯戏

来的。江西人怎么发明茶灯戏的，老前辈没人传下说法。光从这一点来看，洋坑村也算得上是个古村落，至少有四五百年的建村历史。

在洋坑，关于茶灯戏的来源有多种说法。一种说法是村里朱姓的太公从福建那边传过来的，他们从福建那边迁移过来的时候，把茶灯戏一起带过来了。另外一种说法是在洋坑打工的江西人从江西那边带过来的。哪种说法可靠？应该是江西的靠谱。这从茶灯戏的唱词里可以断定。像《绣花鞋》这出戏，里面这样唱："正月是新年，忙把花鞋连呀，连起花鞋呀儿呀，相送我同年。二月是花娇，忙把花鞋挑呀，挑起花鞋呀儿呀，相送我老表。""老表"这个称呼江西有，福建那边不会这样说的。

为什么江西人会把茶灯戏传到洋坑村？这个跟前面提到的洋坑村山林经济有关系。当年，我们这里山上毛竹多，木头多，野茶多，就是缺人手。有很多江西人听说后就过来打工，砍毛竹，做土纸，制茶叶。来洋坑的江西人里面有些人很有才艺，会演茶灯戏什么的。每到农闲季节，或者干活收工，村里老老少少就会聚在乡场上，听江西人唱茶灯戏，解解闷，开开心。江西人在乡场中间咿咿呀呀地唱，洋坑人觉得好听，有味道，就有人学唱。你唱我哼，很快很多本地人就

村民在看茶灯戏

把茶灯戏学会了。后来，一些会唱茶灯戏的江西人在这里安家落户，就把正统茶灯戏传给了洋坑本地人。这样，茶灯戏就在洋坑村扎下了根，并一点点向周边地方流传开去。

几百年来，洋坑人把茶灯戏当成了自家宝贝。洋坑茶灯戏最早的时候都是在自己村里演的，不肯给外人看的。开始兴起的那几年，要演茶灯戏了，就在村前的乡场上搭个简易台子。后来，村里的朱姓人家发达了，建造朱氏祠堂，茶灯戏就在朱氏祠堂的大台子上表演，有了固定的演出场地。再后来，出外谋生的人多了，见过外边的大世面了，觉得洋坑人不能这么小家子气，洋坑茶灯戏才走出山门，去周边村坊演出。和很多小地方的人一样，过去的洋坑人思想比较保守，不知谁的手上定下的规矩，除了只演给自家人看，还不允许茶灯戏外传。直到中华人民共和国成立以后，这个规矩才被打破，洋坑茶灯戏的老艺人才可以到岭洋乡、湖南镇等周边乡镇去教戏，带徒弟。人们头脑中的这些保守思想，几百年来的确影响了洋坑茶灯戏的发展。

洋坑茶灯戏演出季节，最早的时候选在农历四五月份。这跟茶灯

茶灯戏演出的朱氏祠堂

戏的内容有关系。茶灯戏不就是反映采茶、制茶劳动的吗？据村里的老艺人说，过去，每年四五月份，山上的茶叶都采下了山，地里的庄稼都撒下了种，毛笋也卖了，不少收益落进了口袋里，大家心情好，又有空闲，于是，一班茶灯戏爱好者就开始活动了。先是在自己村里的朱氏祠堂摆开戏台子，演上几天，再出门到隔壁村演，一个村一个村地演过去，一连要演上十天半月，绕一大圈才回来。后来，生活变化了，茶灯戏演出时间也有了变化，更多时候都在过年期间演。过年呢，男女老少大家都空闲，家里年货多，吃的东西丰富。

从前演茶灯戏有个习俗，上台演出前，演茶灯戏的人一般都要先到农户家去上灯，讨个彩气，农户要拿出花生、瓜子、糖果招待演茶灯戏的人。再一个，过年时，那些常年在外谋生的人回村了，嫁出去的女儿也回娘家拜年了。人多了，需要热闹，山区没有什么文化娱乐。所以，每逢过年，村里总有人牵头演茶灯戏。只要有一个人带头说一声“演茶灯戏啰”，马上就有很多人响应。这样，慢慢就形成了惯例。往往是年前由村里几个骨干人员着手搭班子，物色演员，年后正月初三开始排练，花个五六天时间，觉得排练妥当了，正月初九就把人拉到了戏台子上。除了过年，平常时候也有一些演出，地方上谁家造房上梁，谁家老人拜寿，也会把茶灯戏班请去演演戏。

采访者：吕老师，洋坑茶灯戏有哪些特点？

吕大兴：洋坑茶灯戏有很多自己的特点。和婺剧、越剧那些大剧种相比，茶灯戏是个小戏种。它故事情节简单，几乎不分场次，里面演的都是采茶、制茶和贩茶等劳动内容；戏中人物不多，有些曲目整部戏演下来也就是一生一旦两个角色；道具布景也非常简单。所以，平时没有什么艺术团、剧团之类的固定团队，组织比较松散。过年时，如果想开演了，由村里几个热心老艺人组成的茶灯会成员轮流坐庄，今年你召集人马，明年我召集人马，临时搭建起一个戏班子，就开始排练啊，演出啊，很简单的。

与别地的茶灯戏相比较，洋坑茶灯戏也有许多特别的地方。洋坑茶灯戏尽管是从江西那边传过来的，有一点却和江西的茶灯戏绝对不一样，就是别的地方茶灯戏演员既有大人，也有小孩，洋坑却不是这样。洋坑演茶灯戏的都是小孩子，清一色的十一二岁。而且，还要全部是男孩子，没有一个女孩子的。所以，洋坑茶灯戏也被人叫作“小鬼戏”。为什么会变成这样的“小鬼戏”？分析分析可能是下面两个

茶灯戏儿童组表演

茶灯戏儿童组表演

原因吧。一个是山里人思想守旧，大家脑子里装满了男尊女卑的旧思想，觉得女孩子在台上蹦蹦跳跳不正经，抛头露面的很不好，有伤风化。一直到中华人民共和国成立以后，大家的这种封建迷信思想破除了，才让女孩子登台演出。记得是1960年的时候，洋坑茶灯戏才有了第一个女孩子上戏台子。现在就普遍了，男孩子有，女孩子也有，女孩子占的比例还更多。这是一个好现象，说明大家思想进步了。另一个原因，是洋坑茶灯戏的每一个曲目里都有男女谈情说爱的故事，男演员太小了，没有理解能力，演女角色演不到位；太大了演起来动作不柔软，嗓音太粗，不好看。时间一长，大家无形中就形成了一种观念，用十一二岁这个年龄段的男孩子来演茶灯戏最合适。这种观念有点讲不通，很陈旧，但确确实实存在了那么多年。

二、家庭环境常熏陶，从小立志要演茶灯戏

采访者：吕老师，茶灯戏传入洋坑后，您的祖上一代代都演过茶灯戏，请您介绍一下您家几代人演茶灯戏的经历。

吕大兴：先介绍一下我家族的基本情况。我的祖上是永康人，在那边种田种地当农民的，家谱里面有这方面记载。后来，不知什么原因从永康迁移到洋坑村隔壁黄坛口乡的横坑。从我太公吕雅顺的爷爷那代开始，又迁移到洋坑村，到我这一代，在洋坑村已经是第六代。包括现在我的儿子、孙子，上下八代，都是务农的，种地，种山，都是普通农民，没有做生意的，也不是读书人家。

我的祖上为什么会从横坑迁移到洋坑村，里面有故事的。听祖辈讲，我太公的爷爷是一个非常老实本分的庄稼人。有一年，太公的爷爷被雇到洋坑村帮一户朱姓人家造房子。挖地基时，挖到一坛银元，当时只有他一个人在场，边上没有第二个人看到，本来可以把这坛银元捧回家的，但我太公的爷爷非常诚实，没有一丝一毫占有这坛银元的想法，他把一坛银元一分不少地捧到东家的堂前。东家看他这么本分老实，觉得这人可靠，就把女儿许配给了他，还帮助他把家迁到了洋坑。太公的爷爷迁到洋坑村后，后代一直都居住在这里，没有人再迁移出去。目前，我们吕家在洋坑村有十多户。

如果没有这坛银元，我们家族可能就不会迁移到洋坑村，说不定跟茶灯戏也没有缘分了。当然，从这些事情也可以看出来，我的祖上家风很好，勤劳，诚实，本分，守信。这一点，不但对我们后代如

何做人有帮助，对学茶灯戏也很有好处。太调皮油滑、投机取巧的人是学不好茶灯戏的。我出生在这样的家族里自然会受到好的影响，挺有自豪感。

前面说了，茶灯戏早在 360 多年前，就被江西人从婺源一路传过来，那时正好是清朝顺治年间。我祖上迁到洋坑村，应该是离现在 200 多年前的事，那时茶灯戏已经在洋坑传了 100 多年，正是洋坑茶灯戏最兴盛的时候。兴盛到什么程度？听老前辈说，当年，每到天黑时分，村里走去，听去，屋里传出来的都是唱茶灯戏的声音。村里十岁以上的小男孩儿差不多人人都学过、演过茶灯戏。用现在的话来说，那时候的洋坑村已经是茶灯戏专业村了。于是，入乡随俗，我的祖上也跟着大家学起了茶灯戏，并且把茶灯戏在家族内一代又一代地传下来。

听我爷爷吕颂坤说，没有拜过师父的老太公吕雅顺从小就会演茶灯戏。估计也是上面讲的这个原因，身边人一个个都会唱茶灯戏，光听听都会来一手了。可能是天赋比较高，据说我的太公没有读过一天书，却是村里演茶灯戏最出色的一个，现在还有人念及他。后来，我爷爷长到十一二岁，太公把自己的兴趣爱好传给了我爷爷，叫我爷爷学茶灯戏，说不能让茶灯戏的香火在我们家族里断掉。我爷爷也没

吕大兴在指导小演员表演

有读过书，就是靠太公一句句教，爷爷自己一句句学，死记硬背，把茶灯戏学起来的。到我父亲吕德清十一二岁了，我爷爷又把演茶灯戏的接力棒传给了他和我的叔父。到了我十一二岁，我父亲他们又把茶灯戏教给了我，由我的姑父亲自教的。可以说，洋坑茶灯戏在我们家族代代相传，得到了很好的传承。

我之后，儿子这一代没有人学茶灯戏，中间隔断了40来年。到了2006年，村里恢复茶灯戏，叫我当教茶灯戏的老师，我才把11岁的孙子吕坤裕带到村里刚成立的儿童剧团，把他一起教出来，接了我们吕家第六代演茶灯戏的班。孙子他们学茶灯戏的时候，有很多家长前来陪学，听到茶灯戏这么好听，很多人就在边上一块跟着学，其中我的儿媳妇翁锡娣也像他们一样跟我学起了茶灯戏。后来，村里组织成人剧团，就把我儿媳妇招了进去，正儿八经学习茶灯戏。我儿媳妇算是代替了儿子这一代，补了第五代的空白。

这样说来，我家祖孙六代都是会演茶灯戏的，并且一代又一代连续性地传承下来，这种情况在洋坑这地方是比较少有的。我的家族演茶灯戏之所以形成这种连续性，除了男人们的兴趣爱好和勤奋努力之外，和家里妇女们的支持也是分不开的。如果要说我的家族对传承茶灯戏有贡献，一半功劳要归她们。像我爷爷，大大小小有8个孩子，要养活这么一大家子，每天光上山砍树木，背毛竹，下地挖番薯，割稻麦，就够他受的。如果没有我奶奶在后面帮衬，他有那个精力和时间给晚辈传教茶灯戏吗？还有我母亲，也是大字不识一个，自己不会演茶灯戏，但是非常喜欢茶灯戏，所以，我11岁开始学茶灯戏时，

翁锡娣（左二）在表演

她非常支持，还经常帮我到村里人那里去借衣服，缝帽子。我家族里的妇女一个个都是传承茶灯戏的有力支持者，都十分了不起。

采访者：您几岁开始学茶灯戏，当年您是在什么情况下学茶灯戏的？是您自己喜欢还是父母要求？

吕大兴：我是 11 岁开始学茶灯戏的，农村里的人讲年龄都是讲虚年龄的，其实应该算 10 周岁，也就是 1944 年。

前面说了，洋坑处于深山区，和外界接触不多，文化生活非常单调，村里人也不大可能跑到山外去看戏，加上茶灯戏好看好玩，地方上的男女老少没有一个不喜欢的。所以，我们村里 1949 年前差不多人人都会哼几句茶灯戏里的《采桑》啊，《卖花线》啊，等等。整个村坊茶灯戏的氛围特别浓厚，茶灯戏成为大家生活中不可缺少的一部分。拿现在的话来说，茶灯戏就是我们大家的精神食粮。

我家前面三四代人都是演茶灯戏的，太公会演，爷爷会演，父亲会演，叔叔也会演。特别是我父亲，每年茶灯戏开演季节，他是最积极的一个，组织乐队，挑选演员，忙前忙后，属于连家都不顾的这么一个人。平时一有空，就会坐在堂屋里，或者大门口，一个人自唱自乐。用我母亲的话来说，饭可以不吃，茶灯戏不可以不唱。所以说，这方面家里的氛围非常好。学茶灯戏需要氛围的，特别是家里有人演茶灯戏的更好，直接影响嘛。

有了这种大环境，所以小时候我几乎天天都能听到大人们哼哼唱唱，听得多了，自然而然就学会了一些。很小的时候我就会来几段茶灯戏，只是没有登过台，不知道唱得正宗不正宗。还有，父亲他们带人在村里演茶灯戏，我都要跟在他们的后面，他们到哪里，我就跟到哪里。他们在台上演，我就在台边上看。当年，村里没有多少娱乐活动，看茶灯戏就是我们小孩最大的快乐了。记得那时已经七八岁光景，过年了，村里的朱氏祠堂里演茶灯戏。白天也好，晚上也好，我都要跑去看。每次看演出，我别的地方不站，就靠在戏台边，站在离演员最近的地方，听他们唱，看他们做动作，而且一看就要看到演出结束。结束时，差不多到半夜了，那么小的人，因为时间长，腿脚站麻木了都不知道，看茶灯戏就像着了魔一样。

父亲看我那么喜欢茶灯戏，兴趣那么浓，就有了一个想法。我 11 岁那年的正月初一，父亲跟母亲说，儿子 11 岁了，已经到学茶灯戏的年龄，让我把这个班接下去，去学茶灯戏。我父亲还说，我有这个天资，又这么喜欢，说不定会演出一点名堂来。母亲说，好，反正家里没条件让我读书，整天在家里晃荡晃荡也不是个事，去学茶灯戏多少还能学到一些东西。有了母亲的赞同，我就跟父亲他们学茶灯戏了。记得父亲跟我说第二天要让我学茶灯戏的那个晚上，我几乎一夜没有合眼，那个兴奋，翻来覆去就是睡不着。

我想学茶灯戏，不瞒你们说，还有一点出于孩子的天真。说实话，过去洋坑茶灯戏班出门演出，较大的一个目的，就是通过上门演出，到外村人那里赚取几个小红包。小演员呢赚个几大口袋花生、瓜子、冻米糖等过年的小吃食。所以，每次茶灯戏班从外村演出回来，我们一班小孩子都要跑到村口去看，看看那些比我们稍大一点的小演员背回来的小布袋，鼓鼓囊囊的，里面装满了吃的东西。每次看到这番情景，我眼红得不得了。心里想，我一定要演茶灯戏，像他们一样赚很多很多的花生、瓜子、冻米糖回来，除了我自己吃，还要给家里的弟弟妹妹吃。

所以，我演茶灯戏，一是受家里的熏陶，二是打心底里喜欢，三是想过年赚点好吃的。小时候演茶灯戏的愿望很强烈，很朴素，也很实在。

三、严师教戏更教人，学艺路上勇闯道道关

采访者：吕老师，您家族里擅长演茶灯戏的人这么多，您学茶灯戏拜的师父是自己父亲吗？请您谈谈拜师学戏的详细经过。

吕大兴：我拜师学戏的事很有趣的。我拜的师父不是父亲，是我的亲姑父。姑父也是洋坑村人，就住在村子的上头，人长得很秀气的，听说他小时候专门演旦角的，在他那一辈里，称得上是村里茶灯戏演得最好的一个。父亲请他做我的学戏师父，一定是经过仔细考虑的，不然，不会叫自家亲戚来当师父。父亲尽管也是村茶灯会的负责人之一，茶灯戏的演唱技艺很高，他自己却不带我。父亲和祖上的思想不一样，他相信一句老话：自家孩子需要他人教。所以，他宁愿去教别人家的孩子，也不教自家的孩子，父亲最多就是在我回到家里时帮助纠正一些唱错的台词，或者不规范的动作。结果，还真的证明了父亲秉持这个观点有一定道理。姑父教我学茶灯戏，对我那是没有半点手软啊。当时他二十来岁，年轻气盛，对徒弟的要求非常严格。记得收下我的第一天，他对我父亲这样说：侄儿交给我，就得听我的

举村乡洋坑村演出的茶灯戏《开茶园》

话，要打要骂你们不要插手。父亲当然知道学茶灯戏的行规，一口就答应了姑父的要求。姑父教戏真的很有自己的一套，他用六天时间就让我登上了朱氏祠堂的戏台，给洋坑村人演《开茶园》。如果换成自己的父亲当师父，说不定我还没有这么快学成的。

拜师学戏要正儿八经搞个拜师仪式的。洋坑茶灯戏的拜师仪式不是很讲究，就是把要拜的师父请到家里来，摆上一桌子酒菜，菜要八大碗的。师父到了，徒弟要到门口去迎接。进门以后，再把师父请上酒桌的上横头，坐上主宾的席位，接受徒弟的跪拜。过去学茶灯戏拜师，师父都不收费的。为什么不收费？主要原因在于演茶灯戏都是业余的，不像学木匠、篾匠，学戏的人不会把它当作终身职业，所以拜师要简单些。记得我正式拜师学艺的那天，是农历正月初二，姑父、姑妈一家人来我家拜年。估计事先父亲已经跟姑父打过招呼，早上很早就开始准备饭菜。姑父他们到的时候，已经快吃午饭，父母亲先请他们用过糕饼和茶，接着就上了八大碗菜，再把姑父请到上横头，即主宾的位子上。然后，把我叫过去，站到姑父的面前。父亲说："妹夫，今天我们一搭两便，你来我家拜年，小侄儿拜你为师学习茶灯戏，你看行不？"姑父摸摸我的头，笑着说："行啊，明天起

茶灯戏表演

就把人交给我好了。”姑父这么一说，父亲马上叫我跪下，给姑父拜了三拜，并对我交代了一句：“儿子，多用点心，好好把茶灯戏学到手。”

第二天，农历正月初三，还在拜年中的姑父就开始带起我这个侄儿徒弟了。姑父同时带了三个小徒弟，另外两个小男孩儿也是洋坑村上的。当时，村里与姑父同时带徒弟的老艺人还有十来个人。老艺人们每人都要带两三个徒弟，我们跟着学戏的小男孩儿也就有二十来个。洋坑茶灯戏在教戏时间的选择上很特别的，往往都是选在正月的头上几天，师父和徒弟一起紧赶慢赶，突击四五天，先教出三四部戏，然后，等正月过去了，再慢慢教其余的几部戏。

为什么这样做呢？主要是为了能赶上春节期间的出外演出。按照惯例，每年的正月初九，洋坑茶灯戏就要出门演出。要是出门时间太晚了，大家年都过得差不多了，要下地干农活了，谁还有工夫看你的茶灯戏？没人看戏，到哪儿去赚小红包，花生、瓜子、冻米糖呢？那么，为什么要同时带这么多徒弟一起出去？主要是考虑到小演员上台演出有选择余地。我们这些小演员学戏时间那么短，万一选了一个天赋不怎么样的，出不了师怎么办？因此多带几个，可以做比较，看看哪个徒弟最有天赋，学得最好，最后就留下哪个。而且，这种办法对师父也好，徒弟也好，都会产生竞争的压力，逼迫师父们用心去教，徒弟们专心去学。师父教出了真本事，徒弟也学到了真功夫。我当时就暗暗下定决心，自己一定要好好学戏，争当最好的那一个徒弟。这就是竞争带来的好处。

采访者：吕老师，据我们了解，学茶灯戏最大的困难是记台词，请您谈谈初学时是怎样克服这个困难的。

吕大兴：是的，学茶灯戏有难度的，特别是背台词，要吃很多苦。之前我不知道这一点。父母亲让我拜师学习茶灯戏，我非常开心。小孩子嘛，好奇心强，都会把没有经历过的事情想象得很美好，都想去学一学，摸一摸。等到真的开始拜师学艺，才晓得有很多苦头要吃，有很多艰辛要尝，学茶灯戏并不像想象中的那么简单和快乐。

在介绍记台词这件事之前，我再来补充一个洋坑茶灯戏的特点。说出来大家可能不相信，在洋坑传了360多年的茶灯戏，一直到我这一代，居然连个文字剧本都没有。别的地方茶灯戏有没有剧本，有没有形成文字的东西，这些我不是很了解；我们洋坑茶灯戏，那是一张纸、半个字的东西都没有的。一定要说剧本，那也是装在那些老艺人肚子里的东西。几百年下来，洋坑茶灯戏完全靠一代又一代老艺人一字一句口头传下来的。当然，从这一点可以看出洋坑老艺人们的聪明和能干。洋坑茶灯戏为什么没有剧本。没有文字的东西记录它？我个人这样想，可能和它活动、生存的环境有关系。一方面，茶灯戏起源于采茶劳动，是山区茶农在日常劳动中创造出来的一种艺术活动，大家对这种生活再熟悉不过。另一方面，和演出的人有关。你看，过去唱茶灯戏的都是一些什么人？砍柴的、采茶叶的、背毛竹的，都是平头百姓，没几个能识文断字。村里真正认识字的读书人嫌茶灯戏土，不肯放低身段，帮我们把茶灯戏用文字记下来。最后一点，洋坑茶灯戏本身比较保守，江西人传进来以后，就不肯传出去了。以前不管谁组织的戏班子，里面的成员清一色都是洋坑人，不肯让外村人来参演的。如果有剧本之类的东西，传出去的可能性就会增加，洋坑人那是舍不得的。洋坑茶灯戏这些特别之处，一方面限制了自身发展，起码兼收并蓄这一块就很难做到，别人好的东西学不到；另一方面倒也增加了它的神秘感，叫外面的人摸不着底，也许这正是它的魅力所在吧。

衢江区茶灯戏社团小演员

洋坑茶灯戏这些特点，导致它不容易学。要想学好它，肯定要吃些苦头，花些力气，不然，是学不到真本领的。这不，我正式开始学习茶灯戏，第一道要闯的难关就是你们问的记台词。以前在台下模仿别人唱啊，说啊，那纯粹是玩玩的。现在要上台演戏了，是来正儿八经的，出一点差错都不行。茶灯戏这东西很奇怪的，只要中间掉了一个词，整部戏你就会卡牢，没法子唱下去。当年记台词的经历，70多年后的今天，我还记忆犹新，一幕幕经历清清楚楚想得起来。

正式开始学戏的第一天，我们还有一个拜老佛的仪式。一大早，姑父就把我们一帮徒弟带到村口的一座小庙里，庙里供奉着几尊老佛，一一拜过，最后，再朝最边上的一尊老佛多拜了三拜。什么老佛我不知道，大概是和学习茶灯戏有关联的老佛吧。拜老佛的目的是求老佛保佑我们早点出师。以前的人没什么文化知识，有事都相信神灵和老佛的。拜过老佛三拜之后，接着，每个徒弟到香案上去插根香，算是拜好了。这是每个学茶灯戏的人开头都要做的一件事，村里别的师父也同样要带着徒弟来庙里磕头烧香的。接下来，每天学戏前师父们都要带着徒弟先来庙里上完香，然后才开始教学。

学戏的地点在村里的朱氏祠堂，这也是有规矩的。以前的人除了相信老佛、鬼神，就是相信祖宗。祖宗在哪里？就在祠堂里。洋坑村只有一个朱氏祠堂，所以朱氏祠堂是全村人集会的公共场所，不管姓朱的还是姓蓝的，有什么重大活动，都会放到这里搞。这是朱姓人家大度啊！祠堂里面很宽敞，还有戏台子，学戏的人都在这里学的。拜过庙里的老佛，姑父再把我们带到朱氏祠堂，开始正式学戏。

开始的时候，姑父不做别的，就考我们记性好不好。记性不好，是学不下去的。茶灯戏可不是一部两部，有 12 部，又没有什么剧本子可以翻，全凭脑子来记，所以需要好的记性。他从简单的开始，当场教了《开茶园》里的《采茶歌》中的一小段唱词。他教一句，我们记一句，教完了，就要我们到边上去背。背了一会儿，他把我们叫到身边，一个个考，要我们把刚才教的东西背诵出来。我记性好，按他的要求一字不漏地背了出来。他很高兴，拍拍我的肩膀，说："侄儿，你有记性，是块学茶灯戏的料。"说完，把我给留下了。其他两个新徒弟不知道是紧张还是记性不好，结结巴巴老半天，就是背不出一句完整的话。也有可能本来就是家里大人逼来学茶灯戏的，两三天

采茶

下来，看看自己实在没这个记性，那两个徒弟就主动打了退堂鼓。

为了早一天学好茶灯戏，开始两三天，我白天晚上都跟姑父吃住在一起，姑侄两人几乎形影不离。姑父说，五六天以后你就要登台的，不连夜学，来不及。父母也支持姑父的做法，白天来祠堂转一下，晚上从来不来打扰我们。会背《采茶歌》一小段，并不意味着我接下去就会背所有的茶灯戏。姑父对我的要求越来越严，第一天教我的东西，第二天就要来考我。如果背不出来，轻则挨一顿骂，重则手心上挨几下竹板子，没有什么姑父不姑父的。我小时候没有读过书，还是学了茶灯戏以后，到 12 岁了，才断断续续到私塾里读了一年多，所以当时不识字，脑子没有受过背书这方面的训练，不知道背书的诀窍，记姑父教的东西真的特别累，特别难。姑父教我记台词，不仅要记我扮演的角色台词，还要记别人扮演的角色台词，就是说要记整部戏的台词。难啊。特别是到了后面几天，要记的东西越来越多，弄得脑袋瓜都要炸裂开来。我记得很牢，有时连早上上厕所的时间都要利用起来背台词，其余时间就更加不敢放松了。那个紧张的程度，现在回想起来汗毛都要一根根竖起来。有时走在路上，因为心里头都念着台词，常常一头撞到路边的树干上。母亲知道我这些情况后很心疼，但又帮不上我的忙，只有隔三岔五地煎几个鸡蛋送来，让我补补身子，说是吃了鸡蛋能增强点记性。

就是靠这种死记硬背、死用功，我闯过了记台词这道难关。后来，我继续跟姑父学了一年多茶灯戏，依旧用死记硬背这个土办法。到我刚进入 12 岁的时候，我就把茶灯戏的 12 部曲目全部背了个滚瓜烂熟，并且一直记在心里。我现场背段《开茶园》的唱词给你们听听，验证验证我说的事真不真：“十七十八下南京的里木呀，少年姐姐，十九二十走江西呀湖四海，呀是海棠花儿鲜咯呼。江西街上走买卖的里木呀，少年姐姐，买齐宝货送姐妹呀湖四海，呀是海棠花儿鲜咯呼。一送姐姐头上金边钗的里木呀，少年姐姐，大姐茶叶从情我呀湖四海，呀是海棠花儿鲜咯呼。二送姐姐头上绉纱巾的里木呀，少年姐姐，二姐茶叶从情我呀湖四海，呀是海棠花儿鲜咯呼。三送姐姐杭州水粉擦白脸的里木呀，少年姐姐，三姐茶叶从情我呀湖四海，呀是海棠花儿鲜咯呼。四送姐姐苏州胭脂点口边的里木呀，少年姐姐，四姐茶叶从情我呀湖四海，呀是海棠花儿鲜咯呼。五送姐姐五面青铜镜的里木呀，少年姐姐，五姐茶叶从情我呀湖四海，呀是海棠花儿鲜咯呼。样样东西都送齐的里木呀，少年姐姐，明年二月再相逢呀湖四海，呀是海棠花儿鲜咯呼。”这就是功底，当年苦练的结果。带出这样的徒弟，姑父自然很自豪，在我父亲面前夸我，说吕家一代胜过一代了。

不十分了解洋坑茶灯戏的人都以为洋坑茶灯戏好学易唱，七八岁的小孩子都会唱，会有多难？其实这个看法是片面的，学个一两部当然不难，当要求你学五六部茶灯戏试试看！现在回过头去看，记台词这一关过不了的小孩子挺多的。每年村里都要组织二十多个小男孩儿学茶灯戏，由十来个会演茶灯戏的大人分开来教，最后能留下来的小男孩儿只有十来个。其中，能全部记住 12 部茶灯戏曲目的最多两三个人。这不是说别人脑子笨，主要是大家都没有读过书，小孩子读过书和没读过书绝对不一样，没读过书的人平时用脑用得不多。我能闯过来，跟肯吃苦和家人的鼓励分不开。

采访者：吕老师，过去茶灯戏因为没有剧本，学戏需要有很强的记忆力，除了这一点，还有哪些基本要求？您为什么一开始就被定位旦角？

吕大兴：有啊，不管哪种戏，对学戏的人都有基本要求，学茶灯戏也不例外。学茶灯戏第一个基本要求要记性好，这是最起码的条件；第二个基本要求要有会说官话的本领。为什么？茶灯戏演唱和对

衢江区实验小学非遗社团学生合影

白用的语言不一样，是两种语言交叉起来用的。一种是对白时候用的洋坑本地话，洋坑土话；一种是演唱时候用的当地官话，流行于衢州一带的普通话。这个要求，对我们其实是蛮高的。土话我们没问题，天天说，顺口得很。官话就有麻烦了，我们这些十一二岁的小孩子，学戏前从来没出过远门，一个个都不会说官话。现在要学茶灯戏了，没办法，一定得把官话学起来。所以，背熟了台词，我们还要花时间和精力学说官话，要学说到像说土话一样顺口。

洋坑茶灯戏招学徒还有一点比较讲究，就是对小男孩儿的长相要求比较高。师父挑选徒弟的时候，先看你五官长得端正不端正，特别挑选演旦角的小演员，最理想的是五官小巧。我因为个子小，五官比较搭配，从长相上最适合演旦角。然后呢，听嗓音，生角当然要阳刚气足一点的，旦角要阴柔一点。这些条件，师父挑选的时候都会十分注意的。根据我自身的条件，师父一开始就安排我演旦角。所以，我是演旦角出身的，一直都演旦角，中间从来没有换过角色。

采访者：吕老师，闯过台词关，说明您已经初步打下了演茶灯戏的基础，请您继续介绍学表演的经过好吗？

吕大兴：好的。学表演其实也不轻松的。凭着天生的好记性，我在背台词这一关算是在三个徒弟里暂时胜出了。当姑父宣布留下我继续学习茶灯戏，我心里那种骄傲简直没法形容，连走路都是会跳的。11 岁的小孩子，哪里会想到之后还会碰到更多的困难，会有那么多哭鼻子的事，只觉得那些花生、瓜子、冻米糖已经离我越来越近了。

因为只有一个徒弟了，姑父和我是一对一教学的。其他人的师父也这样，到了最后的时候，都只留下一个徒弟，也都采用这种一对一的教学方式。我们学表演的场地也放在朱氏祠堂，在朱氏祠堂的戏台上。教戏前，师父要把上戏台的楼梯门关上，不让看学戏的人上来。这些人上来七嘴八舌，要影响我们学戏的。

姑父既要教我唱，又要教我表演，一个人担起两个师父的职责。当时已经到正月初五初六了，为了能赶在正月初九外出演茶灯戏，姑父加快了教学进度，白天学，晚上学，用现在的话来说，就是“白加黑”。那种教学强度，一个 11 岁的小孩子哪里受得了，所以，我常常是一边演着一边流眼泪。再说，那个年龄段的人玩心又重，看别的小伙伴一天到晚走东家串西家地玩，我心里那个羡慕没法说。但哭归哭，羡慕归羡慕，自己喜欢的东西，咬着牙也要坚持下去。整个学艺过程，我没有跟姑父顶过一次嘴，也没在父母面前叫过一声苦。姑父除了一天到晚带着我唱啊，跳啊，还一再鼓励我，开导我，说不吃苦，不受累，学不好茶灯戏，除非你是天才。

茶灯戏虽然是小戏，但唱法不少，一部戏有一部戏的调，12 部曲目有 12 种调，甚至一部戏还有好几种调呢，像《开茶园》和《王婆骂鸡》的唱法就绝对不一样。这些，对一个没读过书、脑袋瓜还没有怎么开窍的孩子来说，很为难。处在那个年龄的我懂什么唱腔、表情？在唱腔、表情面前，根本就是一个瞎子。所以，开始的时候，只能姑父怎么唱，我怎么唱，姑父怎么表演，我怎么表演，很机械地跟着姑父学。

姑父是个很认真的师父，对演唱中的一腔一调，对表演中的一颦一笑，观察得细致入微，一丝一毫也逃不过他的耳朵和眼睛。学习过程中，我一旦有学得不到位的地方，他马上就喊停，不厌其烦地把相关演唱和动作一遍又一遍重新唱给我听，做给我看。像《开茶园》《王婆骂鸡》两部戏，里面角色的走路姿势和节奏都会不一样，一个要妖娆一点，一个要粗野一点，如果走成了一样的姿势，姑父就会当场指出来，把我纠正过来。姑父又是很高明的师父，我对曲目的主题、人物的思想感情一时半会理解不了，他就用举例子、打比方等方法帮助我理解、消化。他说，演戏就是为了把好听的唱腔唱给别人听，把好看的表情做给别人看，你学茶灯戏一定要把真本领学到家。

姑父认真教，我也用心学。每天从朱氏祠堂回来，我都要在自己家里复习，把姑父教我的东西巩固起来。这时候，父亲做了我的老师。他也是演茶灯戏的高手，他就在边上看，发现我唱偏了哪个词、哪个句子，或者哪个段落，立刻帮助我把偏差纠正过来；发现我哪个眼神不对劲，哪个手势太僵硬，也会立刻示范给我看。所以说，我学茶灯戏有两个老师，一个是姑父，一个是父亲。

学茶灯戏最后还要过心理恐惧关。一个人适合不适合做演员，其实更要紧的还是胆量。没胆量，台词啊，动作啊，学得再好，上台以后，看到台下黑压压的一片，十个有九个会怯场。一旦怯场，对白忘了，唱词忘了，动作也乱了套，演不下去的。过去山里孩子从小到大都没有出过远门，没见过大世面，更没有登台抛头露面的机会，所以胆子特别小，看见生人都害怕。怎样消除这个恐惧心理？姑父也有好办法。他的所谓好办法，就是教会一个曲目了，在我正式登台前，叫来一大帮亲戚朋友做观众，然后叫我上台演给他们看，用这种办法来锻炼我的胆量。我的叔叔姑姑又多，有六七个，特别是正月头上几天，来拜年的，来喝酒的，家里常常有客人四五十个，人数挺多的。大家吃过饭，姑父就要求大家到朱氏祠堂去，看我演茶灯戏，那场面跟真的场面差不了多少。一次又一次，我的胆量自然而然就一点一点地大起来。

我是当年学茶灯戏的十来个孩子里面出师最早的一个。现在想想，学茶灯戏的确苦，特别是对一个十来岁的孩子来说，但吃吃这些苦也很值得。它不但可以锻炼一个孩子的意志，还可以塑造一个孩子的品格。学茶灯戏那两年的经历，对我以后几十年的生活都有很大的影响，我从中晓得了不少生活道理，知道该如何去克服一些困难，去面对生活中一些不顺。

四、小小戏台有苦乐，喝彩声中苦也欢

采访者：每个学戏的人都希望自己的第一次登台一炮打响，何况吕老师您师父教学时花费了那么多心血，您也吃了那么多苦头，请您谈谈第一次登台演戏的情况，以及第一次外出演戏的经历。

吕大兴：是这样的，我对自己第一次登台演出非常在意的，还有我的姑父、我的家里人，大家都非常在意。没日没夜地学了那么多天，到底学得怎么样，结果就要揭晓了，心里不可能不忐忑。我登台演的第一部茶灯戏曲目是《开茶园》，扮演戏里的李妈妈。《开茶园》是入门曲目，每个初学茶灯戏的徒弟学的第一部戏必定是这部曲目。我那次演出的时间是正月初八。选这个正式登台的日子是有讲究的，因为第二天正月初九，戏班子就要出门去演出了。出门前，村里人要先看看这年的戏班子的成色怎么样。戏台就摆在村里的朱氏祠堂。洋坑茶灯戏这一行里有个不成文的规矩，你会不会演茶灯戏，先到朱氏祠堂戏台上亮亮相。洋坑村人说你会演，你就可以走南闯北；洋坑村人说你不会演，那你就没戏了。没法子，茶灯戏的根在这里啊。

戏是下午一点来钟开始演的。父母把我第一次登台看得非常隆重，当成一件大事来对待。家里所有的人，包括住在村里的亲戚，午饭后就早早来到了现场给我捧场，父亲还专门搬了条凳子坐在第一排。我自己那种兴奋劲更加不用说了，吃午饭时，母亲烧的一桌鱼肉好菜我好像都没看到，匆匆扒了几口米饭，就放下碗筷，跑到朱氏祠

堂去了。到了朱氏祠堂一看，哎呀，其他几个要一起登台的小演员比我来得还早，他们比我还着急。你们看，洋坑人对茶灯戏有多看重啊。

姑父是心里最紧张的，前几天教学花了那么多力气，他担心今天第一次登台砸了锅。记得我上场前的几分钟，他给我戴在头上的头饰、穿在身上的戏服整理了又整理，生怕哪个地方有疏忽。我往戏台迈出去的那一刻，他还轻轻拍拍我的脊背，有力地说了一声："侄儿，上！"整场戏下来，他的眼睛几乎一刻也没有离开过台子上的我。我自己倒是一点不紧张，没有多少精神负担，初生牛犊不怕虎，上台就上台呗。当时，祠堂里黑压压的都是人，过年嘛，又是新的班子，新的演员，很多人是抱着看稀奇的心态来看演出的。我心里不害怕，所以，演起来感觉跟平时学戏时演给家里人看没两样，整场戏演下来脑子都非常清醒。中途响起过很多次喝彩声，我都能听得一清二楚。

第一场演出应该说比较成功。谢幕后下来，姑父把我抱起来转了一个大圈子。父亲走过来，满面笑容地对姑父说："妹夫，苦没有白吃。"很多退场的观众往我身边走过去的时候，都对我竖起大拇指，

吕大兴访谈

夸赞说：一个新的李妈妈出世了。

老话说：万事开头难。有了这个好的开端，说明洋坑村人基本上认可我了，往后的演出自然变得顺畅起来。当然了，回家后，姑父和父亲还是不忘帮我找找缺点和不足，分析哪个唱词须要再唱响一点，哪个动作须要再柔软一点，以便第二次登台唱得更好听，动作做得更优美。两个师父认真到一丝不苟。

第一次外出演茶灯戏，我也记得非常清楚，时间是正月初九。正月初八在朱氏祠堂演出，算是把前两天学起来的《开茶园》《王婆骂鸡》等几个曲目检验了一番。前面说了，我们学茶灯戏是边学边演的，学到哪，演到哪。所以，你只要会演其中一两部戏就把你带上戏台了。那次是先到隔壁遂昌县的廿四都。廿四都离洋坑比较远，翻山过去有四十来里路。演出队伍由三十来个人组成，小演员十来个，乐队演奏五个，陪小演员的大人十来个，还有烧饭的、挑道具的。为什么要有大人陪着，因为我们实在是太小了，只有十一二岁，出门又都是走山路、小路的。而且出门以后，一般要在外面待上十天半月，没有家里的大人跟着、陪着，谁来照顾我们的日常生活？我是由姑父陪着的，他既是我的师父，又是我的家人嘛。演出队伍出村口时，很多人，特别有儿子在里面的，都来送行。我的母亲也来送我，帮我整理衣服时再三嘱咐我，要听大人的话，听姑父的话，不要使性子，犯小孩子脾气，把戏演好了。整个队伍叮叮当当上路后，远远望去，弯弯曲曲的场面挺壮观。

第一次外出演出，我演戏的服装是借来的。洋坑这地方，1949年前大多数人家都是穷苦人，过年时都穿不上新衣服，更别说置办茶灯戏的演出服了。要外出演出了，没有条件置办戏服的人都到村里人那里借衣服。我扮演旦角，要穿女孩子衣服，妹妹年纪还小，她穿的衣服我根本就穿不上身，家里又没条件买，母亲只好到有差不多年龄女孩子的邻居家去借了一套小红袄回来，答应演出回来后立即还给他们。邻居是个好心人，邻帮邻，亲帮亲，借出衣服都是不带条件的，不要我们一分钱，只要求我们做到一点，回来的时候衣服干干净净就行。一起出门的另外几个演旦角的男孩子，演出服也是从邻居家借来的，可见那时候大家生活的艰苦。母亲到村口送我们时，除了嘱咐我要听话，还忘不了补一句：千万不要把借来的衣服弄脏了；弄脏了，到时还给人家不好交代的。母亲那样说，我自然把那借来的衣服当作自己的宝贝来爱护。每次演完戏，都要把那套衣服仔仔细细折叠好，放在床头。

第一次外出演出，我整个人很兴奋，一路上脑子里一个劲儿地想象着将要碰到的情景，想象着前面有个大村子，村子里有个大戏台，大戏台下站着很多很多看戏的人。可能第一次出远门演出的小孩子都有这种幻想的，有点像做梦。

走走停停，当天下午三四点钟，我们一队人马才到了廿四都，村里人家的屋顶都冒出一缕缕烧晚饭的炊烟了。我们一班小孩子一个个脚底都走出血泡来，过去没有解放鞋这类舒舒服服的鞋子穿呀，穿的都是自己母亲纳的千层底布鞋，走长路还是很伤脚的。到了目的地，先把晚上要演戏的大礼堂稍稍布置一番，铺盖、饭锅等生活用品摆开来，然后，匆匆化一下妆就到农户家去上灯了。廿四都地方比较大，我们上灯一口气要连续上八九十户，等上完灯回到大礼堂，天都黑了。匆匆忙忙扒了几口晚饭，再补了一下妆，我就被师父催着登台了。那天，我演了《开茶园》《卖花线》两个曲目，其他小演员演了《王婆骂鸡》《大补缸》两个曲目，总共演了四个曲目，因为走了远路，加上时间太晚，我们小孩子体力精力吃不消。唱茶灯戏这种活挺费劲的，劳累过度的话，第二天喉咙弄得不好就要沙哑。

茶灯戏参加“浙江好腔调”演出

那天晚上，很大的一个大礼堂里，挤挤挨挨都是人，有些进不了大礼堂的就爬上窗户，吊在窗棂上看。其中有很多是廿四都周边村庄上的人，他们打着灯笼过来，打着灯笼回去，那种热闹场景到今天我还记得。我们当时开心极了，特别是我自己。看的人多，说明演唱的人演得好，戏好看，心里能不高兴吗？随便哪个唱戏的人都喜欢这种场景出现在舞台前面的。

采访者：听说你们戏班在茶灯戏开演前，先到农户家进行上灯活动。请您介绍一下上灯活动的具体情形。

吕大兴：上灯是茶灯戏开演前必须要举行的一项活动。一方面，通过上灯为登台演出烘托气氛，就像现在一些剧团演出前要到大街上走一遭，做个流动广告，告诉大家我们来演戏了。同时，也是一种送子送福的活动。我们山里人追求多子多福，总希望家里人丁兴旺，上灯就是上丁，添子添丁的意思。再说，我们演茶灯戏主要以娱乐为主，顺带赚几个小红包，我们不靠茶灯戏谋生，演茶灯戏是一种业余爱好，不是我们的一种职业。所以，我们每到一个地方，都会受到当地农户的欢迎，因为我们把快乐带到了他们家门口。我们的队伍还远远的在村口外，很多当地的农户听到唢呐声、锣鼓声，就跑到村口来接我们进村去。

进了村，等到天快要黑了，除了留下做饭的，整个戏班子大大小小二十来个人排成一支队伍，有的化装成相公、公主，有的扮成茶婆子，抬着插满蜡烛的排灯，在乐队的伴奏下，挨家挨户地上门，把农户家摆在堂前的蜡烛一一点亮（过年时，家家户户在堂前都要点燃蜡烛）。然后，十来个小演员站到农家门口，排成左右两队，放开喉咙唱起充满喜庆味道的《采茶歌》，为农户讨个好彩头。《采茶歌》的歌词很好听，我唱一段给你们听听："正月采茶是新年呀，今年小姐点茶园呀，点得茶来十二亩呀，当官劝姐还茶钱呀。二月个倒采茶个牡丹花茶发芽呀，姐妹双双锦绣花儿开去采茶呀，姐采多开个倒采茶个牡丹花妹采少呀，多多少少个珍羞花儿开采回家呀，姐在个房中织呀手巾，两边个织起龙呀，中间个织起采茶人。"

这样一闹，农户家自然高兴，就会往我们口袋里塞花生、瓜子、冻米糖，经济条件比较好一点的，还会包个小红包给我们。有些刚娶媳妇的人家，我们还要把上灯的活动闹到新房里，给新婚夫妇添个灯，祝福他们多子多孙。常常一个村子的灯上下来，花生、瓜子就把我们的口袋装满了。花生、瓜子这些吃的东西，拿回来以后当场就分给我们这些小演员吃；红包这样的贵重东西，不会拿来分的，集中起来，等回到洋坑以后给大伙儿买田买地的。我们这些十来岁的小演员，最喜欢的就是分到花生、瓜子这些东西。所以，上灯是我们最乐意做的一件事，一听说要上灯了，大家几乎都是抢着去。

采访者：吕老师，过去洋坑茶灯戏小演员的演艺生涯都不长，戏龄一般只有两三年，您是否也这样？请具体介绍一下您那两三年的演艺经历和最后一场演出情况。

吕大兴：洋坑茶灯戏演员戏龄都不长，我也同样啊，前后才三个年头。说起来很简单，11 岁农历正月初三跟姑父学习茶灯戏，13 岁正月初九出去演了一大圈，正月廿八回来，之后就再也没有登过台了。所以，我演茶灯戏满打满算前后也就两年时间，从第一个正月到第三个正月。

对我们这些茶灯戏小演员来说，两三年时间真的是太短、太可惜了。两三年下来，大家刚刚摸到一点茶灯戏的门道，演技正是可以大幅提升的时候，突然间就叫你歇掉，多可惜啊。就像一朵花蕾，正要开出花来，却被人给掐掉了。我比其他小演员更伤心，我是有梦想的人，开始学茶灯戏的时候，心里就想着自己要演它一辈子。谁能想到，刚一步跨进 13 岁的大门就离开戏台了。我非常不舍，曾经当着母亲的面哭了整整一个晚上。但当年茶灯戏的规矩就是这样，过了 13 岁你就要离开戏台子，有点不近人情，不过，谁也没办法改变它。和其他小演员比起来，我还是属于比较幸运的人。两年时间里，不但把 12 部茶灯戏全部学起来，而且全部演出过，还都是里面的主演。有些小演员演了两三年，都是跑跑龙套、当当茶婆之类的配角。

两年里，我一直跟着姑父学戏，从没有离开过他的门下。有些行业，做师父的生怕徒弟抢了他的饭碗，带徒弟的时候都会留一手，要把所谓的绝活儿留到最后才肯传授给徒弟。茶灯戏不会这样的，茶灯戏师父巴不得徒弟早点出师，巴不得徒弟本领比自己高。我的姑父带我用全心全意这个话来形容一点都不过分。特别是我 12 岁那年的三四月份，我父亲病故以后，姑父对我更加好，把我当自己的儿子一样看待。他毫无保留地把 12 部茶灯戏的演唱技艺全部一点一点地教给了我。我后来能够成为洋坑茶灯戏的传承人，都是姑父教育的结果。姑父的目光看得很远，他常常跟我说："我把演茶灯戏的本领全部教给你，不光光要求你会演，演得比别人好，还要求你以后也会像我们一样做师父，带徒弟，教比你小的后代学戏，把我们洋坑茶灯戏传下去。”

姑父这样说，也这样做，在学戏上面一点不让我有半点松懈。第一次外出演出回来，他先是在我父亲面前表扬了我一通，夸我戏演得好，得到的花生、瓜子、糖果最多；然后，板起脸孔对我说：“不能骄傲哎，你才学起两三部茶灯戏，要学的东西还有很多。接下去的日子，我们爷俩还得继续学，争取一年内把12部茶灯戏全部学起来。”父亲十分赞同姑父的想法，跟姑父开玩笑地说：“反正我把儿子交给你了，带不出来就找你算账。”于是，接下来的日子里，别的小演员可能到处玩，我没得玩，我要跟姑父学戏。只要姑父有空，不出门干活，我们就去朱氏祠堂，学后面的10部茶灯戏。经过爷俩一年的艰苦教学，我终于把12部茶灯戏全部学到了手，是我们那批学戏徒弟中唯一的一个。其他小演员学得最多的也就三四部，没有一个学完12部的。

要说演出时间，两年里一大半时间都是在外地演出。过年不必说，整个正月几乎都在外面，平时也有很多日子在外面演出。如隔壁地方有些人家造房子上梁，有些人家里老人拜寿，都会把我们请去唱唱戏，图个热闹。因此，一年中待在自己村里演的天数不多，很多的时候是在外面演来演去，这也是演茶灯戏的一点快乐。

我的演艺生涯虽然短，却充满了酸甜苦辣。外出演戏的生活其实很艰苦。先说睡的，都是自己挑去的铺盖，到了一个地方，随便往地上一扔，到晚上演出结束了，再把铺盖铺到戏台的地板上，就在戏台上睡觉。没有戏台的地方，就只能睡地上，为了避免潮湿寒冷，弄些稻草铺在草席底下。再说吃的，外出时，从家里带些腊肉、笋干之类的干货，青菜没法带，要吃油冬菜、包心菜之类的新鲜蔬菜，只能到当地农户家菜地里去买。菜不讲究，饭是要保证吃饱的，饿肚子的话，没力气唱戏。最苦的还是休息时间太少，晚上一般都要演到十点钟光景，再洗洗漱漱，等真正睡下，那就是十一二点钟了。第二天，老早就要起床，收拾东西，赶往下一个村坊去演出。用过午饭，又要抓紧排练，排晚上要演的曲目。真的，用马不停蹄来形容一点也不过分。

出外演出，我们最怕下雨。以前没有什么解放鞋、雨鞋，大家都穿双老布鞋。转场的时候，要是碰上下雨了，我们只能穿着老布鞋走泥水路。穿着被雨水、泥水打湿的布鞋很难受的，穿久了还会生病。所以，我们出门时都巴望天气好一点。正月里的天气偏偏雨水特别多，我们的希望常常落空。

外出演戏的生活虽然艰苦，站在戏台上的感觉却很快乐。十一二岁还是天真懵懂的年纪，脸上搽个胭脂、画个眉毛，都要高兴上好几天。我一般又是演主角的，《开茶园》里的李妈妈，《王婆骂鸡》里的李妈妈，《走广东》里的阿妹等，可以说 12 部曲目当了 12 个主角。演戏的人，十个有九个都希望自己当主角，台上一大帮人围着你转，台下一大帮人盯着你看，你说我能不快乐吗？我之所以能演主角，我的长相帮了大忙。小时候，我的个子比同龄人要瘦小一些，五官长得也比较小巧，适合扮演女性角色。只要穿上小红袄或者碎花的蓝布小衫往台上一站，小姐或大妈的样子就出来了。当年，每到一个地方演茶灯戏，当地人都说我好看。演戏间隙，我在村坊里走走，有些人就把我带到自己家里，把花生、瓜子塞到我的衣袋里给我吃。当然，还有演技的因素，比如唱戏，因为我嗓音比较细腻，唱起女声来，台下不了解底细的观众根本分不出台上站着的是男是女。

茶灯戏虽然是小戏，但有些戏还是蛮难演的，比如《走广东》《卖棉纱》，因为剧情复杂，场景比较多，人物的感情变化也比较丰富，有些小演员不敢上台演，怕演到中途忘词了。碰到这种情况，姑父就叫我顶上去演，每次我都能尽自己的全力，完成师父交给的任务。有一次，在龙游那边一个村子里演《走广东》，就真的碰上这种事。一个演阿妹的小演员突然临场害怕了，不能上台，台下的观众又都等在那里。怎么办？姑父过来对我说："只有你上台去顶替了。"想想自己这么被师父器重，让我挑重担，心里就非常开心。

茶灯戏反映的都是采茶、制茶等劳动内容，劳动过程中发生的有趣故事，偏重于喜剧色彩，12 部茶灯戏没有一部有哭哭啼啼的，整场戏下来，一路都是打打闹闹，叫人看了以后特别开心。像《王婆骂鸡》，李妈妈和王妈妈两个人，为了一只毛鸡要大骂 4 个城门，大骂 4 个城门以后两人还要打。听听两人的对骂挺有意思的。王妈妈骂："种田农夫偷了我的鸡，吃了我的鸡，有朝有日去种田，碰到猛虎吃了你，活活痛死你。"李妈妈回骂："王妈妈说话真差意，种田农夫偷了你的鸡，吃了你的鸡，有朝有日去种田，一年种田两年米。"王妈妈又骂："木匠师傅偷了我的鸡，吃了我的鸡，有朝有日去上梁，上梁活活跌死你，活活痛死你。"李妈妈又回骂："王妈妈说话真差意，木匠师傅偷了你的鸡，吃了你的鸡，有朝有日去上梁，手拿红包笑嘻嘻。”王妈妈看李妈妈这样回骂，接下去骂得更加肆无忌惮：“读书君子偷了我的鸡，吃了我的鸡，有朝有日去读书，先生活活打死你，活活痛死你。”李妈妈不甘示弱，又回骂过去：“王妈妈说话真差意，读书君子偷了你的鸡，吃了你的鸡，有朝有日去读书，考取头名笑嘻嘻。”两个人这哪里是骂，纯粹是比口才。喜剧味这么浓，所以非常受山区群众的欢迎。受欢迎到什么程度？常常我们在这个村庄还没有演出结束，下一个村庄的人就派代表来邀请，村庄与村庄之间抢着要。我们每次外出演出，都要马不停蹄，从遂昌一路演到龙游，连续演个十天半月，中途都没有休息的。

台底下碰到的事情也让我开心。第一，穿着借来的小红袄，化着女孩子的妆，到各家各户去上灯，一路上屁股后面常常跟着一大帮看稀奇的十来岁孩子，就觉得自己挺了不起的。第二，上灯以后得到的花生、瓜子、糖果往往最多，师父们分发这些礼物的时候总会表扬说吕大兴收到的花生最多。分发花生、糖果的时候也很有意思的，有些小演员要闹别扭的。像《王婆骂鸡》里扮演王妈妈的这个小演员每回分东西都要争吵，要求带班的师父多给他一份，原因是他扮演的王妈妈这个角色太丑，头上要戴个水牛角。我们虽然年纪小，也会有美丑之分，一般都不喜欢扮演王妈妈的。

最让我开心的，是被观众们捧着。随便到了哪个地方，人们都说我的扮相最好看。那时候，我们又不懂化装术，也没有那个经济条件，就是一起去的大人往我们脸上扑点粉，就有样子出来了。走在路上，有些人会过来摸摸我的脸蛋儿，说：“这小鬼真是爱侬相（方言，很好看的意思）。”有的人特意把我拉到家里去玩，拿出花生、瓜子给我吃。十一二岁的人就被人像明星一样对待，心里的那份高兴劲形容不出来。

我们一般外出演出半个月左右，时间太长，小孩子吃不消，毕竟才十一二岁的人，没有一个不想家的。我也很想家，有时候演出太晚，躺倒在被窝里偷偷地哭，想家里的米粿、粽子，想家里的小伙伴。大人们也不能在外面待得太久，太久了，家里的田地就荒掉了，不合算。外出演出范围以周边乡镇为主，遂昌、龙游这些地方去得最多，去得最远的地方是江山。

那两年，家里也发生了很多变故。我 12 岁那年的三四月份，一天，父亲到隔壁乡镇大洲镇那边去挑石灰，路过大洲镇范家村这个地方，看见了丢在路边的几具被日军杀害的当地人尸体。大概是受到了惊吓，回来以后人迷迷糊糊地就病倒了。大约过了十来天，我父亲就病故了。父亲没了，家里的顶梁柱倒了，本来就很贫苦的生活因此更加艰难。我是长子，底下两个弟弟、一个妹妹，都很小，他们连个生活自理的能力都没有，别说参加地里、山上的劳动了，家里就靠母亲一个人撑持着。老话说：福无双至，祸不单行。那一年，父亲病亡不久，我的老太婆、爷爷，还有一个弟弟也先后生病去世。家里一年里走掉四个人，真是天塌了一样。

家庭发生那么大的变故，对我演茶灯戏产生了很大影响，我不能再像父亲在世时那样无忧无虑了，12 岁的我要帮母亲干农活，种地，砍柴，上山背毛竹。本来平时地方上或者隔壁村有人家办喜事，都要叫我们上门去唱茶灯戏，我因为要干活就去不了。好在姑父很照顾我，常常过来帮助我家干农活，让我腾出一些时间在家学茶灯戏，出门演茶灯戏。

我的最后一场演出是在 13 岁的正月廿八，在今天的龙游县庙下乡八角殿村。在那之前，我们已经到过遂昌、龙游的十几个乡村，廿八这天巡回到八角殿。八角殿是我们那次外出演出的最后一站，第二天就打道回府了。记得那天晚上，姑父事先就跟我摊了底，告诉我今天晚上是我的最后一场演出。他安排了《开茶园》《走广东》《王婆骂鸡》《卖棉纱》4 部茶灯戏给我演，并且一反常态，把《开茶园》安排到最后，作为压轴戏。我知道姑父这是特意安排的，他是为了我演茶灯戏有个圆满的结局，因为我学的第一部戏是《开茶园》。那天晚上，我压住了心里无限的悲伤，拿出最好的演出状态来演戏。演出过程中，台下的观众给了我无数次的掌声，为我喝彩。大概到了晚上十点来钟，演出才结束。下了台，我默默地换下借来的戏服，把它仔仔细细地折叠好，再穿上自己的衣服。我就这样带着一种又喜又悲的心情给自己的演艺生涯画上一个小圆圈。

五、口述曲目十二部，倾心传承与发展

采访者：吕老师，据我们了解，洋坑茶灯戏最兴盛的时候是中华人民共和国成立初期那几年，请您说说那时茶灯戏的发展情况。

吕大兴：是的，洋坑茶灯戏最兴盛的时候就是中华人民共和国成立初期那两年，因为碰上了好时代嘛。

吕大兴接受访谈

中华人民共和国成立前几年，社会不是很安定，大家的日常生活都没有什么着落，很多人苦到都要讨饭了。这种情况下，村里没有几个人会想到去唱茶灯戏的。过年了，村里的茶灯会也没人去料理，朱氏祠堂的戏台上因为长期没人演戏都结起了蜘蛛网。有些实在喜欢的人最多就在自己家里唱唱，玩玩。

1949 年 5 月，我们这边劳动人民翻了身，大家过上了安定的生活。记得中华人民共和国成立初期那几年，分田分地，村里一些从来没有自家田地的贫苦人家都分到了田地，分到了茶叶山。像我家人口多，光茶叶地就分到了十来亩，家里的日子一下就变了样。还有，政府在村里办起了夜校扫盲班，村里一些年纪稍微大点的人都进了夜校学文化。我也参加了夜校学习。由于原先读过一段时间私塾，比其他人多认识几个字，进步快，夜校老师还叫我当他的帮手，教大家学汉字拼音。生活安定了，大家自然就会追求精神生活，想到文化娱乐，洋坑人自然就想到了茶灯戏。

最先想到茶灯戏的当然是政府。当年，上面派下来的工作组干部，走访了解村里基本情况的时候，晓得了洋坑茶灯戏从前的一些情况。于是，他和村干部一起召集几位茶灯戏老艺人，在朱氏祠堂开了个会，商量如何恢复茶灯戏。干部们说，外面到处都在扭秧歌，庆祝人民当家作主，我们洋坑茶灯戏比秧歌好玩，让它荒在一边多可惜，山区群众文化生活本来就单调，洋坑有茶灯戏这个文化项目，为什么不把它恢复起来呢？现在中华人民共和国成立了，要把茶灯戏重新恢复起来，让它丰富我们山区老百姓的文化生活。这样，在政府的大力支持和鼓励下，村里开始了洋坑茶灯戏的恢复工作。

恢复茶灯戏，对洋坑人来说并不难，当年会教戏的老艺人都还在，大家不过歇掉三四年时间，所以，干部们一号召，台子马上就搭了起来。当年大家那个热情，没的说，白天黑夜都扑在了茶灯戏上。当时有四五个老艺人积极性特别高，村里就安排他们当师父，指导二三十个小孩子。我那时已经十七八岁，又会唱全部的茶灯戏，也被村里选去当了小师父，和其他三四个老艺人一起带徒弟。我做的事主要是教小孩子记台词，算是发挥我的长处。新时代教茶灯戏，就不能用我姑父的那一套老办法了。新时代要讲民主，不能太专横，所以，我都是和孩子们好好讲道理，耐心教他们。好在当时的这班孩子已经开始进学校读书，认识字了，接受能力比较强，记台词倒也挺快的。其他方面像学唱腔啊，学表演啊，也没有遇到什么困难。恢复茶灯戏的整个过程都比较顺利，前后大约花了半个月时间，我们就在朱氏祠堂摆开来演了。

当年我们教茶灯戏都是义务劳动的，那时候还没有集体化，没有记工分这类事。当时的人思想觉悟挺高的，一到排戏时间，教戏的，学戏的，都会自觉来到朱氏祠堂，不需要别人去催，也没人计较什么劳动报酬。

洋坑茶灯戏重返朱氏祠堂戏台后，本来很沉闷的洋坑村重新热闹起来了，村里又到处响起了唱茶灯戏的声音，到处能看到大人小孩的笑容。中华人民共和国成立了，人的心情真的是两重天。当年的那种气氛，现在想起来还让人兴奋。

洋坑茶灯戏恢复带来的变化很多，最大的一个变化是洋坑村人对茶灯戏的认识发生了根本性的改变。过去，大家都守着老规矩，认定茶灯戏就是洋坑村人自己的，是洋坑人的宝贝，在传承上坚持传内不传外。现在，不这样想了，而是巴不得茶灯戏传得越远越好，让更远的人知道洋坑村，知道洋坑茶灯戏。当时干部带着我们喊这样一句口号：要让茶灯戏这朵花开遍四面八方！非常激动人心啊。这样说，就这样做，按照乡里的要求，洋坑作为中心，再把我们这些师父派出去，到隔壁几个村去传授茶灯戏。我年轻一点，派到的地方要远些，我最远到了隔壁的遂昌县，出了县界。

我们的努力没有白费，短短时间里，以洋坑村为中心，茶灯戏一步一步流传到洋口、岭头、湖南这些乌溪江山区乡镇，出现了几乎村村都有茶灯戏的热闹景象，茶灯戏成为最受当地群众欢迎的文化活动，真的遍地开花。

采访者：20 世纪 60 年代初，洋坑茶灯戏在挑选演员方面有了根本性改变，打破了过去只招男孩不招女孩的旧传统。请您介绍一下洋坑茶灯戏这个变化的过程，以及您个人在这个时期从事茶灯戏演艺活动的一些情况。

吕大兴：20 世纪 60 年代初期的时候，洋坑茶灯戏的变化确实很大，可以说是第二次大的发展变化，把一些老规矩给打破了。中华人民共和国成立初期，打破的是传内不传外的规矩；60 年代初，打破的是招男不招女的规矩。

先介绍一下 20 世纪 50 年代中后期的情况，村里开始搞集体化，劳动的方式不一样了。以前都是各家各户自己管自己的田地，现在凡是有劳动能力的人白天都要到生产队参加劳动，挣工分，晚上再到队部开会或者学习。哪怕是过年，最多也就休息个三四天，正月初四光景生产队长就要喊大家下地干活。这样一来，那些会唱茶灯戏的劳力基本上没有了空闲的时间。没有人去搞茶灯戏，茶灯戏自然就慢慢歇掉了，一歇就歇了五六年。

我的情况也和上面说的差不多。1955 年以后，很长一段时间，我没有再带过学徒，都在家务农。那时，心里是很失落的，想想中华人民共和国成立初期的茶灯戏大家搞得那么起劲，怎么说停就停了？后来，因为十二三岁时断断续续读过两年私塾，中华人民共和国成立初期读过一年多夜校扫盲班，认识几个字，我有段时间进过公家单位上班。1954 年到 1955 年，做过翁源乡信用社职工。1959 年 11 月，衢北的铜山源水库开工建设，我当了一年铜山源水库乌溪江兵团的司务长，后来又做文书。其他时间都在生产队参加农业劳动。那几年，家里负担又很重，有老母亲，还有奶奶健在。1956 年我结婚，婚后育有五个孩子，三个儿子、两个女儿，吃口很多，生活压力比较大。所以，说实话，那几年自己客观上也没有多少心思搞茶灯戏。

1961年，国家三年困难时期过去了，丰富农村群众文化生活的要求再次被提了出来。在这种大好的形势下，洋坑茶灯戏再次得到了恢复。这一次的恢复工作，和中华人民共和国成立初期相比，大家的兴趣更大，都表示要好好把茶灯戏搞出一点新花样来。村里置办了一批新戏服、新道具，配备了最强的师父班子。还按照上面的要求，对《走广东》《卖棉纱》几部戏的内容做了修改，去掉一些比较粗俗的东西，增加不少符合新时代、新思想等健康向上的内容。

这一次恢复变化很多，其中最大的一个变化是茶灯戏班开始招女孩子参加了。中华人民共和国成立十多年了，大家的思想终于转变过来，不再那么封建了，都认为不能再禁止女孩子参加茶灯戏演出了。最早提出让女孩子参加茶灯戏班的是村里的支书，他说，我们先招三四个女孩子试试，叫她们演旦角，如果还行，就这样做下去，如果不行，再重新把人换回来。有些家庭当家的妇女听说这件事，就主动把自己的女儿送到朱氏祠堂，要求让她们学茶灯戏。当时，男孩、女孩各一半，加起来有十来个人，具体来了哪些女孩子现在想不起来了。谁都没料到，上台一演，女孩子演的旦角居然比男孩子演得好看，走路的姿势、说话的声音、唱戏的腔调，都是本色，男孩子比不

茶灯戏参加举村乡群众文艺汇演

了。于是，从此以后，洋坑茶灯戏所有的旦角都由女孩子来担当了。茶灯戏到了20世纪60年代，第一次用上了女孩子当演员，这是它的一大进步，至少拓宽了选拔演员的路子。因为演员结构变化了，洋坑茶灯戏有了新面貌。到外地去演出，很多茶灯戏老戏迷也说现在的洋坑茶灯戏比以前的好看。

新的茶灯戏班子搭起来以后，村里还是叫我带徒弟，主要带旦角的小演员。教戏时间一般都是利用下雨天和晚上，大人空，小孩子也空。从教戏这个角度来说，让女孩子演旦角，对师父真是一大解放。以前教男孩子演旦角，光光一个害羞的表情，都要花上十遍八遍的示范，那些男孩子才会有一点样子出来。女孩子演旦角有先天的优越条件，害羞啊，撒娇啊，这些表情比我们当师父的演得好。以前为什么不让她们演茶灯戏？有时候想想，真理解不了传统做法是什么意思。

20世纪60年代初，带徒弟开始讲报酬了，村里事先就讲定的，白天参加生产队劳动，晚上再到朱氏祠堂教戏，一个晚上生产队里给记半个工，两个晚上记一个工，一个工有工分十分呢。晚上教戏，相当于加班，应该记工分的。我带的女孩子多，戏份重，所以我最积极，晚上去的最多，当然拿到的工分也最多。

这样，过了四五年，到了“文化大革命”，茶灯戏又碰上了麻烦。当时，洋坑也出了“造反派”，造反派说茶灯戏是宣传封建思想的东西，要破“四旧”时给破掉，不允许在村里演这种封建糟粕的东西。那个年代，造反派这样说，村里谁还敢吱一声，大家都怕戴上宣传封建迷信的帽子，所以茶灯戏又停掉了。一些演戏用的道具、乐器，也是在那个时候被砸掉或者没收的。这一次的停演，非常彻底，村里再也听不到唱戏的声音，到了过年，没有人敢提议演戏的事，大家都当作从来没有过这回事。我当时也没有什么觉悟，怀疑茶灯戏这东西真的有问题，自己演了这么多年，思想中毒了，非常害怕被批斗。

20世纪60年代，洋坑茶灯戏的发展起起伏伏。总体上看，不用回避，是走下坡路的，至少走了弯路。要不是后来改革开放，茶灯戏肯定没了，失传了。

采访者：吕老师，请您介绍一下1983年洋坑茶灯戏参加衢州市地方戏汇演的相关情况。

吕大兴：我国改革开放以后，又开始提倡恢复和发展传统文化。不但很多新生事物冒出来，像农村里都开始搞大田承包，还有很多过去破“四旧”破掉的东西也开始被重新挖掘。看到这些变化，我脑子里当时就产生一种想法，洋坑茶灯戏早晚也会重新走出来。

1983 年 5 月的一天，乡里的干部谢文荣突然来了家里，他是专门负责文化的，是隔壁村的人，原先大家就有点熟悉的。他说，12 月份衢州市要组织地方戏大汇演，要求各地的地方戏都要到戏台上亮亮相，洋坑茶灯戏历史长，有特色，希望我们赶快组织人马排练，代表举村乡去参加汇演活动。我当时有点蒙。一蒙洋坑茶灯戏破“四旧”这么多年，乡里、市里的干部们怎么还记得，我们自己都快忘记了。二蒙茶灯戏停演这么多年了，大家头脑里还能记得台词和唱腔吗？如果忘记了，这么短的时间里还有办法恢复起来吗？谢文荣说，要我们有信心，村里有我们这班老艺人在，还怕什么呢？有困难，乡里也会大力支持我们的。他这样一说，像以往几次那样，大家对恢复茶灯戏又有信心了。于是，几个老艺人立即分头行动，有的挨家挨户物色小演员，有的坐在家里一句一句回忆台词。我主要承担回忆台词的工作，因为要赶时间，要求我先把《开茶园》和《王婆骂鸡》两个曲目回忆起来。1983 年我才 50 岁，年纪不算大，记性还可以，我用了两天时间就把台词全部回忆了出来。

物色小演员的工作，开始几天碰到一点困难。有些家长担心自己的孩子去学戏了，要影响到他们读书，那时读高中、大学已经要经过中考、高考。碰到这样的情况，我们就要去做家长的工作，跟他们说，演茶灯戏不但不会影响到学业，还会对读书有帮助，演戏能让小孩子的脑筋活跃起来呀。通过做工作，家长们的思想通了，一个个把人送到了我们手上。几天以后，需要的小演员全部到齐，两部曲目的台词我也全部回忆出来，于是，就在朱氏祠堂开始了排练。小孩子基本上都是地方上的，都是正在读书的小学生，那时洋坑有个小学，就在村里。

因为临时决定参加大汇演，很多演茶灯戏的准备工作都来不及做。像戏服这一块当时都没有，只好去借。我们去了村里很多妇女家借，借衣服，借鞋子，借披肩，以前扮新娘子的那条披肩都是借来的。还有头上的头饰，这些都是借来的。

当时，包括我在内，村里只有 3 个人会教茶灯戏，毕竟中间停了 20 来年，很多人老早把茶灯戏的一些东西忘记了。我们教茶灯戏，不比婺剧、越剧有那么多人才，我们既要当导演，又要当编剧，还要会演奏乐器，几乎全包了。当时，我带了 8 个徒弟，6 个女的，2

个男的，年龄都在 9 岁至 11 岁之间。徒弟的名字和年龄分别是：翁珍娜，9 岁；吕冬香，11 岁；吕秀妹，10 岁；翁水珍，10 岁；黄文珠，10 岁；朱明珠，11 岁；金生佬（演小花脸），11 岁；吕大成，11 岁。8 个徒弟都参加《开茶园》和《王婆骂鸡》两个曲目的排练。

接下来的排练工作非常紧张，白天学生们要上学，正常的读书不能耽误他们的，我们就抓紧星期六、星期天的休息时间。再是利用晚上的时间，大家都住在同一个村庄，饭碗一放，就赶往朱氏祠堂。那时候村里还没有通电，电灯都没有，就在祠堂里点起一两盏煤油灯，在煤油灯下教戏，学戏，大人小孩劲头都非常足。当时大家都这样想，茶灯戏第一次参加政府组织的比赛，一定要拿出样子来。

汇演时间到了，我们一共去了 17 个人，10 个小演员，5 个乐队的，我和另一人是带队的。有趣的是那些小孩子不跟另一个带队的，10 个人都喜欢跟牢我一个人，搞得那人心里非常难过。10 个人都喜

茶灯戏小演员

欢和我出去，吃完饭了就和我到街上去玩。一个人带这么多小孩要很小心的，这么多人，出问题就不得了了。记得汇演结束回家路上，走到乌溪江水库大坝，准备到那里坐船回洋坑。这时有个男孩子走到一片沙堆上去解手，人一踩上去那个沙堆一下子就陷下去了，那时候如果没及时拉住他的手，人就陷下去了，那就不得了了，真的很危险，带小孩出门要时刻注意有没有危险。小孩子对我好，基本上就跟着我的，说实话跟着我，我是非常担心的，第一次带孩子进城比赛，出了事没法交代。

到了衢州城里，搞会务的人通知我们，汇演的第三天轮到茶灯戏登台演出。我们说这样更好，有时间熟悉演出场地，还可以多进行一些彩排。我们专门在住的旅馆里找了个会议室，作为排练的场地，一天到晚连着排练。小演员们都是第一次进城，老是嚷着要到大街上去玩，跟我们闹别扭。我跟他们说，把戏演好了，得了奖，保证带大家上街。

第三天到了，茶灯戏要隆重登场了。茶灯戏是第一次到衢州城这样的大地方参加汇演，城里面的人好多以前都没有看到过，也没有听说过，不知道茶灯戏是一个什么样的剧种，所以，轮到我们上台演出的那一场，来看的人非常多。当时是在衢州剧院演出，里面可以坐七八百人，我们演出的时候，整个剧院坐满了人。我作为指导，站在幕后，可以看到观众的反应。很多观众看到台上都是小孩子在那里表演，脸上都露出惊讶的表情，观众席上不时传过来一些议论，说：这是什么戏，都是十来岁的小孩子在演？整场戏演下来，观众们可以说都是瞪着眼

茶灯戏表演获奖锦旗

睛看的。观众的这种反应反而叫我有点担心，就像当年姑父看我第一次演茶灯戏，老是担心台上的孩子们忘了台词，动作错了。直到演出结束，我才放下心来，手心里都是汗。演出结束后，一些人过来问我们，洋坑是个大地方吗？他们以为洋坑肯定是个大地方，不然，怎么会有这么好看的茶灯戏。

汇演结束，我们得了一个纪念奖。有评委评价洋坑茶灯戏地方风味和乡土气息浓，这样的地方戏在衢州地区独一无二，很有推广和传承的意义。汇演之后，洋坑茶灯戏在衢州城里有了一定知名度，当时的文化部门还派了干部跟我们接触。可惜，因为一些原因，汇演之后茶灯戏没有继续发展，中间又停了 20 多年。

演出结束的第二天，我给孩子们兑现了诺言，带他们到衢州最热闹的十字街逛了大半天，又到了府山公园玩。我跟孩子们说：大家只要好好演茶灯戏，以后还会来衢州城里看风景。

那次汇演，我们茶灯戏得到的奖不是最大的，可对我们洋坑村来说已经是天大的喜事，那可是几百年来洋坑茶灯戏得到的最高荣誉。奖牌捧回村的那天，差不多全村人都跑到朱氏祠堂看稀奇。我更加有说不出的高兴，作为其中的一个参与者，这份荣誉里有自己的付出。

洋坑茶灯戏的命运真可谓三起三落。破“四旧”开始以后，十七八年里洋坑村没人敢动演茶灯戏的念头，我也没有碰过茶灯戏，有时候想哼几句都不敢。到后来，时间长了，头脑里对茶灯戏有些淡忘。但有时也会心里想，茶灯戏还有重新登上戏台的一天吗？心里有点悲观。是改革开放再次给了洋坑茶灯戏重新复出的机会。

采访者：2006 年，是洋坑茶灯戏的分水岭，从这一年开始，洋坑茶灯戏告别了无剧本时代。这个巨大变化，您所起的作用最大，做出的贡献也最大。请您介绍一下您整理、口述茶灯戏曲目的详细经过。

吕大兴：那次衢州市地方戏汇演结束以后，村里曾经有过一个设想，趁现在市里、乡里这么提倡支持，加上已经搭建起了新的戏班子，想把另外 10 部茶灯戏也全部重新排起来。无奈，那时候的人们兴趣爱好变了，生活节奏也变快了，看戏的人越来越少，村里除了年纪大点的老人还有兴趣坐下来看一看茶灯戏，年轻人都喜欢看电影啊电视啊这些现代化的东西。所以，当年茶灯戏还是没有轰轰烈烈搞起来。直到 2006 年，茶灯戏才又一次迎来新的发展机会。

衢州原市委书记陈新在洋坑朱氏祠堂观看茶灯戏

记得是 2006 年 6 月底的一天，村支书到区里开了一个会，回来后把我们两三个会演茶灯戏的老艺人召集起来，说上面正在搞恢复传统文化工作，要创建文化示范村，茶灯戏作为传统古装戏，已经被列进工作计划，要求我们尽早把茶灯戏恢复起来。当时乡党委书记郑明福、宣传委员章李华也非常重视这项工作。村书记传达完区里的会议精神没几天，乡里的领导就接二连三来村里了解和推动这项工作。章李华是 7 月 1 日来村里找我的，他非常诚恳，跟我商量说想请我做茶灯戏剧本恢复工作。村里现在没有其他老艺人做得了这件事，只有我能做好，希望我花个十天半个月，把 12 部茶灯戏的对白、唱词全部回忆出来，并且写成剧本。他知道我文化程度不高，告诉我到时会派人来协助我做这件事。他说，这是恢复洋坑茶灯戏的首要工作，有了剧本，茶灯戏才能完全恢复起来。剧本恢复了，再从村小学里选十来个小学生做徒弟，由我当师父，利用暑假四十来天时间把 12 部茶灯戏全部排练出来。他说，知道这两项任务对我来说有点重，我年纪这么大了，但他们相信我，我一定会做好。我说可以，不过时间不要定得这么紧，我对自己能回忆起来多少没什么把握，不知道能不能按乡里、村里的要求做好这项工作。我先回忆一两部试试看，假如能回忆出一两部，就有希望回忆出其他几部。就这样，我把任务接了过来。

家里人听说我要做回忆剧本的事，对我都很支持，儿女们都说老爸要发挥余热了，为洋坑茶灯戏做件积德的好事，他们百分百支持我，就是有点担心我的身体，希望我自己注意休息，不要太劳累。老伴儿还跟我打趣，说老头子临老了还要出出风头，威风威风。

接过这项任务对我来说既高兴，也有压力。村里通知我7月2日开始做剧本恢复，1日那天晚上我居然兴奋得睡不着。茶灯戏演到今天，成了政府上上下下都关心的事，这是茶灯戏从来没有碰到过的好事情，作为一个茶灯戏老艺人心里自然高兴。但这么短的时间内，我这个73岁的老头子，一大把年纪，要凭自己的记忆把12部曲目一字一句从肚子里全部吐出来，心里真的是没有多大把握。我心里暗暗想，茶灯戏停演不是一天两天，已经20多年，我有这个记忆力吗？1日那天晚上人紧张得不得了，躺在床上根本就睡不着，闭上眼睛满脑子都是茶灯戏。

7月2日一大早，一夜没睡稳的我来到洋坑小学，坐进一年级的教室里，开始做茶灯戏回忆整理工作。方法是由我来回忆口述，别人来做文字记录。我先从《绣花鞋》《卖花线》这两部开始回忆的，因

吕大兴和朱永建在表演茶灯戏

为这些曲目要短小一些，容易想起来。小的曲目过了，再由易入难，回忆《开茶园》《走广东》这些难度大一点的，一部一部往下想，一点一点来回忆。毕竟人老了，记性不管用，回忆过程中思路常常会发生短路，很多对白、唱词一时半会儿想不起来，有时要想老半天，才想出一两句来。最吃力的是回忆《走广东》和《卖棉纱》，这两部剧剧情长，对白、唱词多。像《卖棉纱》，我足足花了两天时间，一点一点地回忆，才七拼八凑把稿子完成了。整部《卖棉纱》只有一生一旦两个角色，除了小生唱了四句唱词，其余的戏都是两个角色的对白。唱词好回忆，顺着曲调走一般不会错到哪里去。对白可不一样，不能脱离剧情瞎回忆。比如回忆到“湖关老，白皮相，袋里还有一吊钱，骗得来是我老娘的本领，湖关老，湖关老，我得罪你了”的时候，怎么也想不起下句是什么。后来自己反复唱，才记起“不是你得罪我，还是我得罪你”这句来。茶灯戏这东西有点奇怪的，要是中间掉了一个词，你就唱不下去，对不了白，像一条链子中间掉了一个环一样；估计其他戏剧可能也这样的。所以，回忆过程中老是翻来覆去，想尽办法不让一个词从我嘴巴里漏掉，避免出差错。要是我今天错了，那以后就一路错下去了，这不害了洋坑茶灯戏！

为了确保回忆起来的台词万无一失，我叫来村里另一个老艺人朱永建协助我。他比我小 4 岁，是后台的锣鼓手，也演过老生，记得一些台词。请他来，我如果有敲不实的地方，他就可以帮着回忆，两个人配合着回忆差错肯定要少一点。朱永建人很热心的，我跟他讲回忆茶灯戏没有报酬的，他也不计较，几乎天天来帮我。所以，恢复茶灯戏，他也有一份功劳的。

回忆恢复工作还有一个困难，就是记录难。当时，区文化馆专门派了几个干部，还有乡里的文化员曾伟，带着录音机下来做记录，村支书吴锡富的女儿在边上协助，做土话转换成普通话的事，当翻译。我回忆口述茶灯戏，用的都是洋坑本地土话，我不会讲普通话，土话说出来外地人没办法听懂。所以，没别的好办法，只好我说一段，或者唱一段，文化馆的人录一段，再由吴锡富的女儿翻译一段。翻译过程也很复杂，土话里押韵的词，翻成普通话不一定押韵。有时为了找到一个贴切的词，大家都要敲破脑袋瓜。好在他们都是有文化的人，总有办法找到那个想要的词，换成我抓破头皮都没用。

尽管这样艰难，我每天至少要回忆出一部茶灯戏，没有这个速度，半个月里完不成回忆任务的。为了保证质量，我还把白天在村小

吕大兴和他回忆的茶灯戏剧本

学里回忆记录下来的内容带回家，晚饭吃过以后，叫上自己的小孙子吕坤裕一起核对回忆出来的东西有没有错。当时小孙子已经读小学三四年级，认得很多字。我把白天回忆出来的东西重新口述一遍，小孙子逐字逐句核对。对出错了，第二天早上再到小学里去修改。有时到半夜三更，我一个人还要靠在床头在那里想。加上山里的蚊子多，这里叮一口，那里叮一口，根本就睡不着，常常把老伴儿都吵醒。回忆 12 部茶灯戏，相当于我自己重新把所有的茶灯戏从头到尾演了一遍。到了 7 月 16 日，前后花了 14 天，12 部茶灯戏终于全部回忆出来，拿给村里几个比较了解洋坑茶灯戏的人看，大家说基本上没有错。

当饱含着我心血的茶灯戏剧本摆到面前时，我高兴，也很激动，心里想，在我手上茶灯戏终于有了文字剧本。有剧本，茶灯戏就不会因为我这样的老艺人一旦失忆而导致失传。我感觉到身上有种前所未有的轻松，前几天累出的头痛腰痛好像也没了。做记录的文化干部们也很激动，一个劲儿地赞叹："不容易，不容易，谁能想到数万字的茶灯戏剧本，全靠你一个古稀老人口述出来的。"

后来，我和小孙子吕坤裕一起，对原先的剧本进行了修改和补充，拿出第二本更加地道的茶灯戏剧本，并把它印成一本书，挂上我俩的大名。这些年排的洋坑茶灯戏，用的剧本基本上是这一本。

采访者：吕老师，您把 12 部茶灯戏全部口述完成后，又做了一件对茶灯戏传承意义重大的事，用 40 天时间教会了村里的一班小学生，带出一个儿童茶灯戏班子。请您谈谈带出这支队伍的具体经过。

吕大兴：茶灯戏曲目口述整理工作完成，茶灯戏算是有剧本了，完成了乡里交代的一项工作。这项工作的完成，把茶灯戏今后的传承基础给打起来了，也可以说，是拿下了茶灯戏传承中最要紧的一关。作为一个茶灯戏老艺人，我心里得到很大的宽慰，过去几代人想做的

吕大兴（右一）在指导小演员表演

事，一直没有人能够做到，终于在新时代把它做成功了。

在这样的一种情绪下，接下来做第二件事，开展茶灯戏教学，人就有精神多了。回忆口述工作结束，村里和家里人都劝我休息两天，把体力恢复过来再说。我这人在其他事情上是个慢性子，在茶灯戏传承上却是个急性子，我巴不得一两天就把茶灯戏教学这件事做完了，哪里还有时间等。7 月 19 日，剧本做出来的第三天，我跟村里说可以教戏了。教戏这件事还是由我一个人来做。1983 年那会儿，村里的老艺人还有很多，随便找找都能找到三四个老艺人教茶灯戏。这会儿，老艺人们有些已经不在人世，即使有个把，也因为岁数大，眼睛耳朵不好使，吃不消教戏了。

教戏前先要搭建班子，按乡里、村里的意思先组建儿童剧团，小演员由我来挑选。我就到洋坑小学三四年级的学生里去挑选小演员，采取自愿报名的方法。刚开始，有 20 多个小孩子来报名，情况比较乐观，原先计划只是挑选十来个，没想到来的人这么多，大大超出了事前的设想。选拔的基本条件是外观上五官要端正，五官不好看的打扮起来也不好看，再是选那些记性好点，会唱歌的。有两个孩子平时唱歌蛮好听，到这里来试唱茶灯戏就不行了，唱戏有唱戏的腔调，喉咙也唱不上去，就让他们回去了。最后，初选选中的，我们还到他们家里问过家长的意见，不同意就不能学，不能勉强人家的。最终，我七挑八选挑中了 12 个小演员，年龄都在 10 岁上下，他们是我的孙子吕坤裕，朱诗雅、朱沪涛、蓝昌林、翁金艳、蓝兰、朱莹、翁慧玲、翁小雨、蓝俊、蓝文君、吕乾鑫。12 个孩子基本条件都不错，女的占了一半。这样的男女比例事先是有考虑的，茶灯戏每一部都有旦角生角，过去思想封建，不肯让女孩子上台，旦角都由男孩子扮演，新时代了不能再那样。

小演员挑好了，村里尊重我，问我要不要搞个拜师仪式；过去都要拜师的。我说，都什么时代了，不兴老一套。不过，搞个开班仪式倒是需要的。会上，给孩子们定个上下课时间、请假制度，这些纪律性的东西需要事先弄清楚的。学校里也很配合，专门派了一位老师帮助管理。就这样，学茶灯戏的班子草草搭成了。

接着，开始置办演茶灯戏的道具、服装。现在条件好，我提供

学校音乐老师金庆一在指导学生茶灯戏表演

了一份清单，把需要的东西报给村里，乡里、村里第三天就把这些东西办齐了。要胭脂水粉一类的，也都由乡里、村里买来，还有那些锣鼓、唢呐等乐器，也都是乡里买的，用不着组织的人操心。

教戏也是放在洋坑小学。过去一直是在朱氏祠堂的，当时因为朱氏祠堂在搞维修，就改到洋坑小学了。教的第一部茶灯戏还是《开茶园》，这是老传统，我也要遵守的。先是叫孩子们按照各人扮演的角色，照着剧本里的台词背，台词背熟才可以正式开始教。没想到开始教孩子们背台词的时候，就碰上了新矛盾。现在的孩子，都读过书的，在学校里说的都是一口普通话，茶灯戏说的唱的都是洋坑方言，两者的口音差了十万八千里。所以，开始叫他们不要用普通话背台词，用洋坑土话背，一个个都适应不了，张口就是普通话，说话习惯一下根本改不过来，背来背去就背到普通话上面来。帮他们把这个习惯改过来，花了很多力气，用了两三天时间，最后硬是把那个普通话一点一点改过来我才放心。如果改不过来，师父学生不协调，这个茶灯戏就没有办法教下去的。背台词，花了很多时间，有五六天光景，每个人总算把自己扮演的角色台词背熟了。

然后是教孩子们表演。表演也是我一个人教的，村里没有其他人

2006 年吕大兴弟子上台表演

会教，辛苦那是不用说的。比如，哪个地方要不要跌倒，哪个地方要不要对骂，现场没有一个人可以让我征求意见，帮我看看会不会有误差。我凭自己的记忆做起来，再让边上的观众听听或者看看这个东西以前是不是这个样子的，让大家评论评论，大家说是的，我就这样教了。那时候很紧张，因为只有我一个人教，怕时间来不及，白天、夜里都要到村小学来的。小孩子反正都住在一个村，叫一下很方便，大家都会按时过来。从 7 月 19 日开始到 8 月 24 日，一共教了 35 天，12 部茶灯戏差不多都教出来了，大家都会演了，村里就有了专门的一支茶灯戏队伍。24 日以后，孩子们要读书了，就暂时告一个段落，结束了教学。12 部戏从头到尾全部由我一个人教，因为劳累，教到后面头都抬不起来。

24 日那天，教戏结束了，按照我们老艺人的观念，徒弟出师得有个交代，我要求搞个演出，顺便检验一下我教戏的成果怎样。村里很支持，就在洋坑小学办了场茶灯戏演出。当时来看的人非常多，多到小学门口停满了小汽车，大家像过年过节一样热闹。现场很多三四十岁的人都没有看到过茶灯戏，只是平时听说过，所以都很新奇，村里有些人家还把亲戚朋友邀请到洋坑来看戏。作为师父，我看

茶灯戏工作坊学员宣传照

茶灯戏参加衢江区戏曲大奖赛表演剧照

媒体拍摄茶灯戏表演

到这样的场景的确很自豪。

教孩子们学茶灯戏收获很多，最大的一点收获是，我花了力气，总算为洋坑茶灯戏培养出了接班人。说实话，2006 年之前，我一直担心着，害怕茶灯戏在我这一代失传了。真的失传，多少可惜，从祖辈那里流传下来 300 多年的宝贝啊。今天，看着孩子们在戏台上唱着，跳着，我心里甜滋滋的，心里想，这下我可以放下心了。

教现在的小孩子学茶灯戏最难的地方是什么？最难的地方无非是小孩子有点任性，不像我们小时候学戏，规规矩矩的，听师父的话。现在的小孩子一个个都很聪明，知道的东西比我多，有时候会不听我的话，又贪玩。要求他一天到晚待在学校里唱老戏，没多少兴趣的，就像叫他坐牢一样。再说，学戏本身就是一件苦差事，一天到晚都做着背台词、学动作这些反反复复的事，三心二意是学不好的。有时我心里急，说他们几句，他们就要生气跟我闹别扭。这个时候，我会哄他们一下，或者讲一些大道理。对这样的小孩子，我们大人要有耐心，不能跟他硬来。我这个人在这方面是有耐心的。

孩子们学会茶灯戏以后，我跟村里说，学起来不登台表演没用的，有机会就把孩子们带出去参加一些演出，孩子们需要锻炼，不上戏台，学得再好也没用。村里、乡里很重视，碰上礼拜六、礼拜天这样的休息天，有地方来叫（请），就会把我们剧团推荐过去。当年，剧团去过很多地方，主要是隔壁的八九个村子。再到本乡的翁源村、石便村这些地方，也到遂昌县、龙游县这些地方去演。我很想把他们带到我第一次外出演戏的遂昌廿四都，找回第一次演茶灯戏的感觉，可惜路途太远，我这个岁数不方便了。看过我们剧团茶灯戏的人都说这东西好看，特别是那些七八十岁的人，大礼堂里坐不下，他们就站在柱子旁边看，都觉得有意思。我们剧团还参加区里、市里的一些文化活动，因为茶灯戏就是洋坑村有，衢江区其他地方都没有，所以区里有什么活动，都会来叫我们参加。有几次，洋坑茶灯戏还代表衢江区，参加衢州市和全省的地方戏汇演。

随着儿童剧团在外面频频登台演出，洋坑茶灯戏的名声越传越远，越传越大，多次登上区里、市里的电视台和报纸。我这个老头子也跟着沾了不少光，成为村里第一个上了电视的老人。

采访者：吕老师，对于洋坑茶灯戏的传承和发展，2006 年还有一件事不能忽视，就是儿童剧团之后，村里又成立了成人剧团。请您

介绍一下成人剧团的基本情况。

吕大兴：孩子们学茶灯戏，有时候要学到很晚，家里的大人都要过来陪。七陪八陪，很多来陪孩子的家长在边上看，觉得新鲜，就动了学戏的念头。像我的儿媳妇翁锡娣原来只会东一句西一句地唱唱茶灯戏，后来每天过来陪儿子在村里的小学里学戏，她在边上听听，竟然被她学会了好几部戏。一天，她跟我说，茶灯戏这么好听，好看，也想来学习。我开始思想上还有疙瘩，心想，茶灯戏一直以来都是小孩子演的，大人凑什么热闹。我就没有怎么理会这件事。

有我儿媳妇这种想法的妇女很多，村里知道这个情况以后就琢磨开了，儿童剧团毕竟要受到时间限制，孩子们平时都要读书的，外出活动多了，肯定要影响到他们的学习。如果把这些大人组织起来，成立一个成人茶灯戏班子，有了两套班子，不是挺好的吗？村里就顺应大家的意愿，在2006年的9月份，组织了几个演茶灯戏愿望强烈的大人，成立起了成人剧团。主要有我儿媳妇翁锡娣，以及翁珍花、吕秀香、吕冬香、蓝志秀、朱根英、金玉仙、蓝慧红，还有唯一一个男学员吕大成，一共9个人，年纪差不多都是三十来岁。这帮年轻人学茶灯戏的劲头很大，有些方面比那帮小孩子还积极。

当时，乡里、区里也很支持，为村里专门请了区里的文化干部来指导。这个时候我思想也转过弯来，茶灯戏过去的确有很多局限，自

茶灯戏成人组表演

己把自己的手脚捆了起来，要想进一步发展，需要大胆创新，要有新的东西掺进来。特别是现在的年轻人头脑里新花样多，跟得上时代。思想通了，村里请我做顾问，我也就很乐意接受了。

这一次教成人演茶灯戏差不多搞了十五六个月，时间拖得蛮长的。刚开始来了十五六个人，后来因为种种原因退了四五个，最后留下来 9 个，都是骨干。村里给这批人买了成人的戏服，以前都没有的。开始也是叫我一个人想曲本，最先想到《开茶园》里的《采茶歌》，接下来就是教他们唱。

我主要是教他们唱。茶灯戏好看，就好看在唱法很多，我教他们的目的，就是要他们学会多种唱法。像《采茶歌》，我就有 3 种唱法，现在唱给你听听。一开始是正采茶，“正月采茶是新年呀，今年小姐点茶园呀，点得茶来十二亩呀，当官劝姐还茶钱呀”。这个是第一种唱法。然后是倒采茶，“二月个倒采茶个牡丹花茶发芽呀，姐妹双双锦绣花儿开去采茶呀，姐采多开个倒采茶个牡丹花妹采少呀，多多少少个珍羞花儿开采回家呀”。这是第二个唱法。还有一种，“三月采茶茶叶有青呀，姐在个房中织呀手巾，两边个织起龙呀，中间个织起采茶人，是呀，中间个织起采茶人”。这是第三种唱法。平时能唱两种唱法的都很少，一般就唱唱正采茶。区里来的干部对茶灯戏了解不多，有些唱法不是很地道，我会当场给他指出来。洋坑茶灯戏有

翁珍花和吕秀香在表演

自己的唱法特色，如果把别的戏的唱法用到它上面，多少会变味。唱法上我要坚持高标准，不能要求太低，不然的话，茶灯戏慢慢就会走样。

还有一项，解决普通话和洋坑土话之间的矛盾。像“大姐”这个称呼，洋坑土话说成“大姊”，普通话说成“大姐”，而茶灯戏要求说洋坑土话的。像那些孩子们一样，这帮年轻人平时普通话用习惯了，碰到这样的对话，往往说成“大姐”。茶灯戏里还有很多这样的情况。这样不行，不好听。所以，我要帮他们纠正口音。纠正口音花了蛮长时间，最后一个个都改了过来。

大人们学茶灯戏一般也是选在晚上的时间，白天大家要干活，所以，我也是晚上被他们叫去的时候多。看我劳累，家里人都劝我少去点，怕我累坏身体。那些学戏的人对我很好，看我这么辛苦，买来了很多营养品给我吃。

经过一年多的教学，我儿媳妇他们把 12 部茶灯戏也全部学会了。其中翁珍花、吕秀香两个人学得最好，后来都能当老师了，把传授茶灯戏的接力棒接过去了。区里的文化干部跟我说：“吕老师啊，你再不用为洋坑村茶灯戏的传承担心了，现在有两套人马了。”我说：“是啊，大人、小孩都是接班人。”

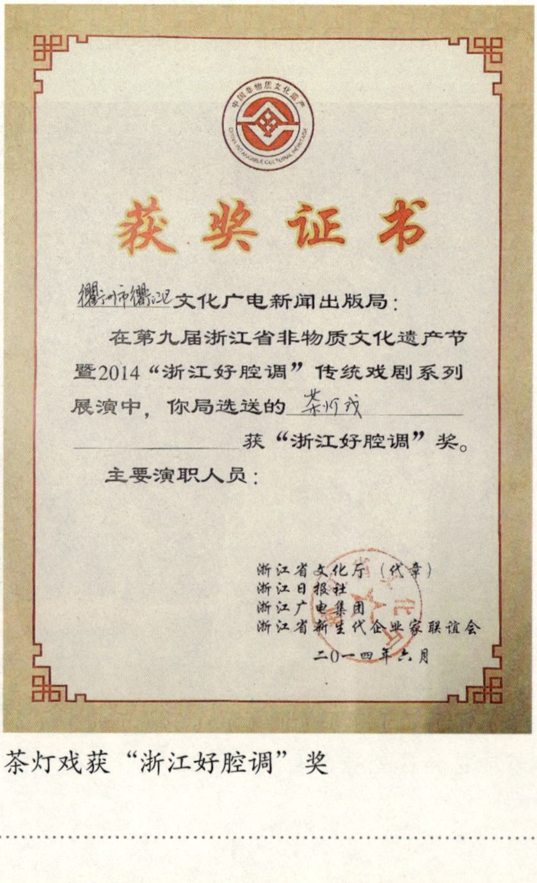
获奖证书

衢州市衢江文化广电新闻出版局：

在第九届浙江省非物质文化遗产节暨2014“浙江好腔调”传统戏剧系列展演中，你局选送的茶灯戏获“浙江好腔调”奖。

主要演职人员：

浙江省文化厅（代章）
浙江日报社
浙江广电集团
浙江省新生代企业家联谊会
二〇一四年六月

茶灯戏获“浙江好腔调”奖

采访者：吕老师，茶灯戏发展到今天，有了完整的剧本，有了齐全的演出班子，这些，跟您的贡献分不开。请您介绍一下您和您家庭的近况，谈谈茶灯戏今后应该如何进一步传承发展。

吕大兴：2006 年以后，对我来说心里想做的事都尽力做成了，12 部茶灯戏的曲目剧本有了，村里也建起了儿童剧团、成人剧团两支茶灯戏演出队伍。要说传承洋坑茶灯戏，自己已经做出了最大努力。我常常会在一个人待着的时候想茶灯戏，想姑父。从我当徒弟学戏开始，70 多年来，茶灯戏起起落落，演演停停，一路走来挺不容易，最终遇上了一个好时代，重新回到了山区群众的生

2007 年 10 月 13 日，市作家协会领导观看茶灯戏

衢江区实验小学茶灯戏工作坊

活中。也感谢姑父当年的严厉教诲，没有他的教诲，就没有我今天对茶灯戏的这份贡献。完成洋坑茶灯戏这两项传承工作，政府也给了我很多荣誉。2007 年，和朱永建一道被评为浙江省非物质文化遗产茶灯戏的代表性传承人，享受到种种优待。同是这一年，我被评为全省农村文化示范户，当时的合照一直挂在家里的中堂上。这些荣誉，对我这个世世代代生活在洋坑村的老农民来说，做梦都想不到。

最近几年，我基本上在家养养身体，有力气的话到山上或者地里找点轻活做做。儿女们也很孝顺，家庭和睦，特别是儿媳妇对我和老伴儿都很好，自从她和孙子学起了茶灯戏，家里增添了不少笑声、唱戏声。平时，我会坐在家里哼几句茶灯戏，自娱自乐，也会经常去想一些茶灯戏的事，还能记住茶灯戏里很多台词，一时碰到记不住的就慢慢想；也做做戏里的一些动作，这些东西都还记住的；有时也会回忆茶灯戏每一集人物的性格。毕竟和洋坑茶灯戏打了一辈子的交道，割舍不了地念它，想它。2017 年初，我生病了，到现在还没有好，平时会疼会痒。

我到晚年，觉得满意的东西很多，最满意的就是为村里教茶灯戏。平时大家也讲茶灯戏就是我教出来的。虽然实际情况确实如此，但若是没有村里和乡政府从 2006 年开始重视抢救茶灯戏，现在茶灯戏可能已经失传了。还有十番锣鼓，除了我就没有人教得出来了。是的，十番锣鼓，也是我恢复起来的。

我有 5 个儿女，3 个儿子、2 个女儿，一个女儿在衢州农贸城做事，一个儿子在元立集团上班，生活条件都不错。我孙子吕坤裕是做金融工作的。我老伴儿是家庭妇女，81 岁了，去年到地里拔豆不小心摔跤了，现在都还没有好。她也是洋坑人，从隔壁村龙头坑嫁过来的，以前会唱茶灯戏的，现在不会了。

采访者：她的茶灯戏表演是您教的吗?

吕大兴：我教的？那不是，那时候是村里学校教的时候学会的，以前龙头坑没有茶灯戏的。

我演茶灯戏，教茶灯戏，连头带尾已经有 70 多年，这么长的时间看下来，茶灯戏只有在新社会才得到了传承发展。本来都是在乌溪江山区转转圈的，现在你看，不光到了区里、市里，还到了金华、永康那么远的地方。前几年，省里的领导来举村乡，都要来村里看看茶灯戏。

衢江区实验小学茶灯戏在敬老院演出

当然，洋坑茶灯戏也有一些事需要大家考虑起来。村里会教茶灯戏的老艺人早先有十来个，现在不多了，再说像我这把年纪的，论体力精力都跟不上要求了。村里要想办法把更多的年轻人培养起来，当师父，最起码能独当一面，不然，到时候来不及的。村里如果力量不够，可以借助外面的力量。前几年，衢州市文化大篷车把我们整理出来的茶灯戏剧本拿过去，排出几部洋坑茶灯戏，效果就很好，可以依靠他们的力量把茶灯戏发展下去。

前两年，衢江区实验小学也专门办起了茶灯戏工作坊，招了 16 个女学生学茶灯戏，把我们这边的吕秀香这些人请去做老师。我岁数大了，出门不方便，不然我是很想去教一教那些学生的。学校的音乐老师自己还特意跑到洋坑来，向我们了解洋坑茶灯戏的情况。听老师说，他们的茶灯戏工作坊现在排了《开茶园》《绣花鞋》两部戏，除了参加区里、市里的一些文化活动，儿童节、重阳节这些节日都要到敬老院去，给一些老人演茶灯戏。办茶灯戏工作坊，这也是借助外面力量传承茶灯戏的一个好办法。

还有个想法，现在村里的年轻人和小孩子大多都到山外去了，就是过年的时候回山里待几天。特别是这几年，政府大力开展下山脱贫，帮助大家把家搬迁到山外去。既然都鼓励村民下山，那政府能不能把茶灯戏也考虑进去，作为村民下山脱贫的一个主要部分，和人们一块下山呢？其实这件事做起来不会很难，只要在新的地方，想办法把骨干力量组织起来，建起固定的演出班子，茶灯戏照样能在这些地方扎下根来。

第四章　周边采访

一、原举村乡文化员谢文荣访谈：洋坑茶灯戏在衢州市地方戏汇演中获奖，其中的大半功劳要归于吕大兴

采访者：谢老师，1983 年，您正好在乡文化站工作，洋坑茶灯戏也正好那一年参加衢州市地方戏汇演，并得了纪念奖。请您谈谈那次组织参加汇演的情况。

谢文荣： 1983 年 3 月，我刚当上举村乡文化员，就碰上了衢州市要举办全市地方戏汇演。上级要求发动有农民剧团，或者有农村戏班子的乡镇积极组织人员参加。我是举村乡人，知道举村乡其他村没有地方戏，只有洋坑村有茶灯戏。洋坑村茶灯戏已经有好几百年的历史，中华人民共和国成立初期很有名气，当时市里的领导都晓得，乡

谢文荣

里就把洋坑村茶灯戏报了上去。作为乡里当年招的第一个文化员，自然就把我派到洋坑村当驻村干部，主要抓茶灯戏的挖掘和恢复工作，好去参加市里的大汇演。当时乡里的目标就想到市里的汇演上拿个奖什么的，让洋坑村茶灯戏走出乌溪江库区，进一步扩大它的影响。

当然，这事想想容易，实际做起来困难多得不得了。那时候，洋坑村一没有通电，二没有通公路。从乡政府过去，翻山越岭的，要走二十来公里山路，可以想到当年生活条件有多苦，地方又有多落后。这些困难还不是主要的，最主要的困难是，茶灯戏在洋坑村已经停演了二十来年。据吕大兴他们事后告诉我，洋坑村茶灯戏最近一次演出还是 20 世纪 60 年代初。之后，由于破“四旧”等原因，一直没人敢带头演茶灯戏。我们都知道，茶灯戏是个地方小戏种，没有剧本子，唱词啊，对白啊，都是靠老艺人一句一句口头传教的。二十来年没人登台演过，这唱词、对白，还有人记得吗？如果村里的老艺人都忘记了，怎么办？

当年我年纪轻，虽然有顾虑，但信心大。我一到村里，先找到村干部商量演茶灯戏的事，他们人头熟，知道谁会唱、谁会演这个茶灯戏。初步商量好了，再由村干部去一个一个找上门，组织发动。村干部很快就把吕大兴等七八个唱茶灯戏的老艺人请到了村里的朱氏祠堂开个会，商量重排茶灯戏参加市里汇演的事。听说要重新排练茶灯戏，还要到市里的大戏台上去演出，二十来年没有唱茶灯戏的老艺人们开心得不得了，你做后台，他做师父，老艺人马上进行了分工，最后，指定吕大兴等三四个老艺人组建一个临时班子。会上，大家选定《开茶园》《王婆骂鸡》两部最能代表洋坑茶灯戏的曲目参加汇演。接着，马上开始挑选演员，按照茶灯戏演员的选择标准，我们到洋坑小学三四年级的学生里头去挑选，当时选了长相和悟性都比较好的 12 个十一二岁的男女学生。

村里的老干部向我介绍说，吕大兴小时候演茶灯戏是村里演得最好的一个，专门扮旦角的，唱啊，做啊，都很拿手，记性又特别好，大家就推吕大兴做骨干，叫他当师父，主要回忆台词和指导茶灯戏排练。那时，吕大兴已经五十来岁，他跟我说，《开茶园》《王婆骂鸡》这两部戏的对白、唱词他都还记得很灵清，回忆起来不会很难。教戏也不会很难，只要这些孩子肯用功，就没什么大问题。记得当时两部戏的对白、唱词都是吕大兴一个人回忆出来的，唱也是他教的。12 个小演员里 8 个安排给吕大兴带，有些人的名字我还想得起来，翁珍娜、吕冬香、吕大成、黄文珠；有些想不起来了。

吕大兴他们都是利用礼拜六、礼拜天和晚上的时间进行教学的。和其他几个老艺人一样，吕大兴白天要下地干活，那时分田到户不久，每个人的家里、地里都有做不完的事，大部分时间是晚上把大家集中起来排练茶灯戏。为了抓紧排好茶灯戏，及时参加市里的汇演，吕大兴那是吃了很多苦头的。白天干农活，整个人已经疲劳得很，骨头都像散了架子一样。山里天黑得早，一般人晚饭一吃，老早就上床休息。吕大兴却不能，他饭碗搁下，就得到朱氏祠堂去指导那些十一二岁的小演员唱啊，说啊，做啊。

吕大兴教小孩很有一手的，这些小演员一个个都是顽皮鬼，贪玩，稍微不注意思想就开小差，注意力不集中。碰到这些情况，吕大兴就跟他们讲过去演茶灯戏的有趣故事。讲到演戏结束小演员们口袋里被人塞满花生、瓜子、冻米糖这些情节时，这些小演员们一个个瞪大了眼睛。这时，吕大兴就会教育他们把茶灯戏学好，不光要到大地方去参加汇演，以后还要到外面去赚花生、瓜子。这一招还真管用，孩子们一下听话起来，认认真真跟他学戏。

整个排练工作，条件可以说非常艰苦，茶灯戏是没有剧本的，教学难度有点大，教的人要凭记忆一字不漏地回忆起来，学的人也要凭记忆一字不漏地记下来，两头只要有一头忘了，就脱节了，排不下去了。吕大兴教戏的那份累，只有他自己晓得。又没有电，晚上排练最多点个煤油灯之类的照明，整个祠堂里黑漆漆的。当时改革开放不久，还没有劳动报酬这些东西，吕大兴每天都是做义务劳动的。在这种条件下，吕大兴从头到尾都没有一句怨言。看他这么不辞辛劳，为参加汇演的事尽心尽责，我心里非常感动。我对吕大兴说："吕老师啊，真不好意思了，叫你做白工。"吕大兴回答我说："没什么的，只要茶灯戏能顺顺利利去参加汇演，我心里就满足了。"吕大兴他们那一代茶灯戏老艺人，真的是对茶灯戏怀有深厚感情的。有了他们这种无私奉献，茶灯戏才能代代相传。

前后大约花了三个月时间，排练基本上成熟。这时，汇演时间也到了。吕大兴说，小谢，上台没什么问题了。于是，到了汇演那天，由我当领队，吕大兴和另外一个老艺人当教练，就去衢州市参加汇演比赛了。走的前一天，怕观众听不懂，由吕大兴口述，我来写，两个人连夜做了《开茶园》《王婆骂鸡》两部戏的幻灯片。出发前，我们还到村里的一些妇女那里借来演戏穿的服装和头饰，当时大家的条件还不是很好，戏服都没有。

到了城里，会务组通知说洋坑茶灯戏排到第三天登台。吕大兴认为这样更好，我们可以先看看别人怎么演的，学习学习。连续两天的上午大家都去看汇演比赛，下午自己组织排练。第三天我们登台了，停演了二十来年的茶灯戏一演就拿了个纪念奖回来。当时，参加汇演的是各地的婺剧团、越剧团，都是大剧团，一个个道具、布景都很先进、齐备，只有洋坑茶灯戏是小剧团，道具、布景都很简陋。洋坑茶灯戏得奖，就靠它的土气，靠它的地方风味。而且，很多观众还是第一次接触到洋坑茶灯戏，以前连听都没有听过，别说看了。所以，茶灯戏上台一亮相，就引来了观众的好奇，很多人问洋坑村在哪里，是不是大地方？

洋坑茶灯戏参加地方戏汇演，最大的收获是让外界知道了乌溪江库区还有一个这么古老的地方戏。这个成果的获得，吕大兴付出了很多，要感谢他。

二、原举村乡宣传委员章李华访谈：吕大兴是第一个靠自己记忆，把12部洋坑茶灯戏口述整理成剧本的老艺人，为洋坑茶灯戏的振兴做出了他人无可比拟的重大贡献

采访者：章李华老师，您是2006年洋坑茶灯戏恢复发展的见证人和参与者，请您谈谈当时的一些情况。

章李华

章李华：2006年，衢州市为大力发展农村文化事业，决定建设一批市级特色文化村。决定一出，下面的很多乡镇都积极展开了争取工作，举村乡也不能在这项工作上落后于人。选哪个村呢？大家自然想到了洋坑村。洋坑村先天条件好，村里一直有喝山节，演木偶戏、茶灯戏的老传统，群众文化基础比较扎实。特别是茶灯戏，2005年全省搞农村文化普查时再度被发现，经有关专家考证，洋坑茶灯戏有300多年的历史，根基深，影响大。当时大家都认为凭茶灯戏这一项，洋坑村创个市级特色文化村是十拿九稳的事。于是，乡里就把挖掘和发展茶灯戏作为创建文化特色村的主要任务。我是乡里的宣传委员，这个任务自然落到了我身上。

到了村里，发现工作并不像原先想象的那么简单，面临的问题似乎有点严重。第一，村里有20多年没有人演茶灯戏了。自从1983年参加衢州市地方戏汇演之后，一直到2006年都没有人再组织过演出，足足中断了23年。讲原因，主要是现在的山区群众文化生活丰富，大家的兴趣都转移到电视啊，手机啊，这些现代化的文化娱乐方式上面。第二，村里会演茶灯戏的人越来越少了。洋坑村的茶灯戏跟江西那些地方不一样，它是小孩演大人戏，演员都是十一二岁的小孩子，过了十一二岁就嫌岁数大，演起来不好看，不让你上戏台。这个特征有一个很不利的问题，就是演员的戏台演出期太短，两三年就要

洋坑村因茶灯戏获评浙江省首批传统戏剧特色村

轮换一批。23 年没有组织过演出，演员这一块肯定断代了，不光光是青黄不接的问题。第三，茶灯戏是一个小戏种，不像婺剧、越剧那些大戏种普及面广，从事演艺人员多。据我们了解，当时周边方圆百里内只有洋坑有茶灯戏，又没有剧本，300 多年来都是靠村里的老艺人一代又一代口口相传传下来的。一句话，洋坑茶灯戏已经面临失传的危险。

了解到这些情况，我很急，乡里也很急，建设市级文化特色村是小事，抢救濒临失传的茶灯戏才是大事。怎么抢救？没有别的什么好办法，只有针对上述三个面临的问题，一个一个去破解。首先，找老艺人。我们了解了一下，2006 年那阵子，洋坑村能演茶灯戏的老艺人已经寥寥无几，一个是 73 岁的吕大兴，还有一个是 91 岁的朱永源，真正能演能唱的只有吕大兴一个人了。我们去找吕大兴，跟他说："老人家，洋坑村茶灯戏不能再继续停下去，再停下去，后面的人就看不到茶灯戏了。要把它重新搬上舞台，需要您重新出山了。"听说要把茶灯戏重新搬上戏台子，吕大兴非常高兴，满口答应由他来教唱茶灯戏。

老师找到了，接着就是请吕大兴口述，开始做剧本。前面说过

从左到右分别为原衢江区委组织部部长杨昕，朱永源，吕大兴，原衢江区文广局局长谢根兴

茶灯戏从来没有剧本，都是由老艺人一字一句口授下来的。所以，做剧本是抢救茶灯戏的关键，只要有剧本，茶灯戏就不会失传。做剧本说说容易，真的做起来费了九牛二虎之力，让吕大兴经历了一场非常艰难的口述过程。吕大兴文化程度不高，就小时候读过一年半私塾，要他自己把 12 部茶灯戏剧本做出来，那是非常为难他的。加上年纪又大，体力、精力都有点不济了。所以，我们请来区文化馆的专业人员协助他做这件事。从 7 月 2 日开始，每天从早到晚由他来口述，文化馆干部做记录。开始几天，大家都担心，吕大兴岁数这么大了，能把茶灯戏都回忆起来吗？三四天以后，我们的担心就消除了，翻看前一天的回忆记录，吕大兴口述思路清晰，文笔通顺，一点没有断词、断句的现象。吕大兴又特别认真，每天回家以后还要和家里人一道复查白天口述的内容，发现问题了，第二天就带到口述现场，一个字一个字地改。这样，一个说，一个记，整整花了 14 天，一字一句地，硬生生把 12 部茶灯戏剧本全部用文字记录了下来。老话说，“民间出高手”，吕大兴就是这样的民间高手。他超强的记忆，叫所有在场的工作人员佩服。而且，他没有在做剧本过程中叫过一声苦，喊过一声累，大家都被他这种奉献精神所感动。如果没有对茶灯戏的热爱，不要说吕大兴，换个年轻一点的人都要打退堂鼓。

有了剧本，接下来要做的事就是建立茶灯戏演出队伍，把茶灯戏搬上舞台。按照茶灯戏的传统做法，我们打算建立一个茶灯戏儿童剧团。建队伍前要先找好老师，找不到好的老师一切都是空谈。起先我们考虑吕大兴岁数大，前段时间做剧本口述工作又非常辛苦，没把他考虑进来，准备找其他老艺人。谁知，找来找去找不到合适的，没办法，还得找到吕大兴。我去跟他商量：“老人家，还得再麻烦您，劳累您，当茶灯戏教学的老师，您看行吗？”吕大兴很干脆，说：“行啊，这是好事情啊。”老师的事就这样定了。

老师事情一定，我们立即开始挑选小演员，由吕大兴去物色。找小演员这件事相对来说要简单些，茶灯戏流传了 300 多年，洋坑村早已经形成一种风气，男女老少人人爱看茶灯戏，爱演茶灯戏。所以，当时学校一放暑假，我们就很顺当地挑选了洋坑村十多个十来岁的小学生，有男的，也有女的，成立起洋坑村茶灯戏剧团，隔壁村的一些小孩子得到消息还主动要求来参加剧团演戏。接着，把大家集中到洋坑村小学，举行了一个小小的开班仪式后就开始教学了。

整个教戏工作基本上都是吕大兴在做，他先要求小演员们背台词，台词背熟了，再教演唱。背台词大概用了三四天时间，之后一个多月，边背台词边教表演。为了减轻他的压力，村里安排了老艺人朱永建等人协助他。朱永建是演茶灯戏老生的，又是后台的锣鼓手。这样，从7月19日开始教，一直教到8月底，花了一个多月时间，吕大兴把12部茶灯戏全部给十来个小学生教会了。

8月26日那天，茶灯戏儿童剧团结业，我们搞了一个汇报演出一样的活动。对洋坑茶灯戏传承和发展来说，这是一件大事，洋坑村人无不喜气洋洋。那天，乡里的干部差不多都到场，周边村庄也来了很多人，大家都想看看新排出的洋坑茶灯戏。当然，最开心的肯定是吕大兴，这场演出是他一个多月辛劳的成果。

儿童剧团学戏过程中，很多陪孩子学戏的女家长也被茶灯戏的艺术魅力吸引，觉得茶灯戏非常好看，很多人也提出要学茶灯戏。乡里、村里觉得她们的想法有道理，大人学茶灯戏，一方面扩大了学茶灯戏的人员群体，让成人参与到民间艺术的传承中来，另一方面也优化了演员结构。学生们平时要读书，没时间参加一些文化活动，成人这方面限制要少一点，基本上可以做到随叫随到。于是，村里就招了十来个三十来岁的青年男女，组成茶灯戏成人剧团。考虑到吕大兴太辛苦，就请他做成人剧团的顾问。做了顾问的吕大兴仍然全心全意地教这些成人剧团的大演员，坚守传统，把洋坑茶灯戏最本色的东西教给他们。比方说有些对白，吕大兴要求他们一定要用洋坑土话来说，不能用普通话。

濒临失传的茶灯戏，因为吕大兴的艰苦努力和辛勤付出，终于被抢救了回来，得到了重生。洋坑村也成功创建起市级特色文化村。这其中，吕大兴发挥了别人不能取代的作用，说他是茶灯戏得以在今天进一步传承和发展的功臣，一点不过分。2014年7月14日，当时的省委书记夏宝龙来衢江检查工作，还专门到洋坑村观看了茶灯戏《开茶园》的演出。

三、衢江区文化馆党支部书记龚水庚访谈：如果说我们是洋坑茶灯戏的发现者，那么，吕大兴老师就是洋坑茶灯戏的抢救者

采访者：龚书记，请您谈谈吕大兴老师在抢救传承洋坑茶灯戏中的一些情况。

夏宝龙（右四）在举村乡洋坑村朱氏祠堂观看茶灯戏

夏宝龙（右二）在洋坑村朱氏祠堂观看茶灯戏

龚水庚：2006年，全省开展民族民间艺术资源普查，我们在洋坑村一个老艺人家里发现了茶灯戏的标志物——三星桌台布，进而发现了洋坑村茶灯戏。在这之前，馆里没有人知道洋坑村流传着茶灯戏。没有发现的原因，一个是洋坑村地处乌溪江库区，交通不便，跟外界交往也不多；再一个是洋坑村茶灯戏已经停演了20多年，据村里人介绍，还是1983年排演过茶灯戏，当时是为了参加衢州市地方戏汇演，之后，村里就没有人继续组织茶灯戏演出了。

发现洋坑村茶灯戏，对我们搞文化工作的人来说是如获至宝，没想到在衢江区消失了几十年的茶灯戏，居然在洋坑村还流传着。据省里有关专家考证，茶灯戏起源于宋代安徽一带，离今天已经有1000多年。当时的人们为了庆祝茶叶生产丰收，期盼来年茶叶有个更好收成，往往会选在每年的三四月份，在宗族的祠堂里，或者在乡场上载歌载舞。这种集歌、舞于一体的喜庆表演，后来逐步发展，成为山区群众喜闻乐见的地方戏曲——茶灯戏。洋坑村兴起茶灯戏相对要迟一点，大约是清朝顺治年间从江西那边传过来的。几百年来，茶灯戏一直都是洋坑村和周边山区群众最主要的文化娱乐活动。

随着了解的深入，欣喜之余，我们的担心也越来越多。和有些地方戏曲一样，随着时代变迁，曾经盛行于衢北、衢南山区的茶灯戏也没有逃脱一天天走向衰落的命运。像衢江区的灰坪乡、上方镇、湖南镇，这些地方以前茶灯戏非常流行，如今一个个都失传了，问四五十岁的人，都没有几个人说得出茶灯戏是什么东西。洋坑村的情况也岌岌可危，当时，村里已经有20多年没人演过茶灯戏，很多三十来岁的人都没有听过茶灯戏，能演茶灯戏的老艺人也没有几个，甚至连演茶灯戏用的道具、乐器也不知道放在了谁的家里。

龚水庚

洋坑村茶灯戏需要保护，需要挖掘，更需要传承。当时刚好碰上乡里要在洋坑村搞市级文化特色村创建，我们就趁这个机会和乡里、村里合作，一起来做茶灯戏的抢救恢复工作。可是，当我们开始着手做这项工作的时候就遇到了一个大难题。出乎我们所有人的意料，我们问东家，走西家，想找洋坑茶灯戏的剧本却找不到。原来洋坑村流传下来的这12部茶灯戏居然没有一部有剧本的，都是靠老艺人一句一句口授出来的。没有剧本怎么保护，挖掘，传承？我们和乡里、村里商量抢救办法，大家都说没有什么好办法的，只有去找老艺人，希望通过老艺人们的回忆，把剧本恢复起来，形成文字。开始的时候找到的几个老艺人由于岁数大，记忆力不好，不是忘词就是忘调，对我们的请求一个劲儿地摇头，都说没这个能耐完成这项工作。最后，有人向我们推荐了吕大兴，说吕大兴曾经是洋坑村里最好的茶灯戏演唱者，兴许他还回忆得起茶灯戏。于是，我们找来找去找到了吕大兴头上。当时，吕大兴已经73岁，事先我们也是不抱很大希望的。没想到找到他的时候，老艺人非常兴奋，非常高兴，连连说“行，行，行”，满口答应我们的请求，表示一定全力配合我们把茶灯戏恢复起来。

2006年7月2日，我们开始全面着手做洋坑茶灯戏恢复工作。吕大兴不愧是茶灯戏演唱高手，确实有许多过人之处。他告诉我们，他还是十一二岁的时候学过、演过茶灯戏，之后60多年没有登过台，仅仅在20世纪50年代初和60年代初，以及1983年指导过别人演茶灯戏。但他一开口，记忆的闸门就完全打开了，可以做到一字不落地把《开茶园》《王婆骂鸡》这些曲目唱下来。有了吕大兴这样的老艺人来口述，接下来剧本恢复工作开始顺畅起来。每天，我们都做着相同的工作，一边由他口述，一边我们做记录，前后总共用了14天时间，就把茶灯戏12部曲目全部口述完毕，也记录完毕。

望着厚厚一叠草稿，我们非常感慨，一个73岁的老人，凭记忆把流传了300多年的茶灯戏曲目一一口述出来，这不仅仅是一种能力超强的表现，更是一种意志超强的表现。对茶灯戏恢复工作来说，遇上吕大兴老师这样的老艺人，真的是一种幸运。试想，如果没有找到吕大兴，茶灯戏会是一种什么结局？

吕大兴老师口述出来的茶灯戏，台词也好，唱腔也好，都保留了茶灯戏的原貌。茶灯戏是发源于安徽，再从江西婺源传过来的，不是洋坑土生土长的，所以，吕大兴老师唱的茶灯戏还有着安徽和江西那边劳动群众的生活内容，主要是采茶制茶以及卖茶买茶等。像《看相》，开头第一句就是这样唱的：“肩背一把伞，招牌挂在上，上写四个字，看相看得灵，咿儿呀，呋儿呀。我本凤阳人，出门二三春，丈夫在家中，叫我转回程，咿儿呀，呋儿呀。”凤阳就是安徽的，《看相》反映的就是安徽那边的生活。唱腔也是以民间小调为主，没有怎么被婺剧、西安高腔等腔调同化。表演则以茶歌、灯舞和花鼓的结合为主。最主要的还是洋坑茶灯戏反映的都是普通劳动群众的日常劳动和生活，不是帝王将相那些高大上的东西。

根据上述这些特点，我们把流传在洋坑村的茶灯戏取了个特定的名称——洋坑茶灯戏，以区别于其他地方的茶灯戏。

四、吕大兴孙子吕坤裕访谈：跟爷爷学茶灯戏是一种快乐，能学到很多书本以外的知识

采访者：您是吕大兴老师的孙子，您在跟爷爷学茶灯戏过程中，有些什么体会?

吕坤裕：我很小很小的时候，应该是五六岁吧，那个时候就晓得我爷爷会唱这个茶灯戏。他经常会在家里唱，有时候还专门给我一个人唱，因为当时我也不是很感兴趣，小孩子嘛，可能就唱得来几句。爷爷为了让我对茶灯戏产生兴趣，经常在家里这样唱，他大概以为这样做肯定对我有影响。后来，省里搞这个非遗嘛，村里开始教戏

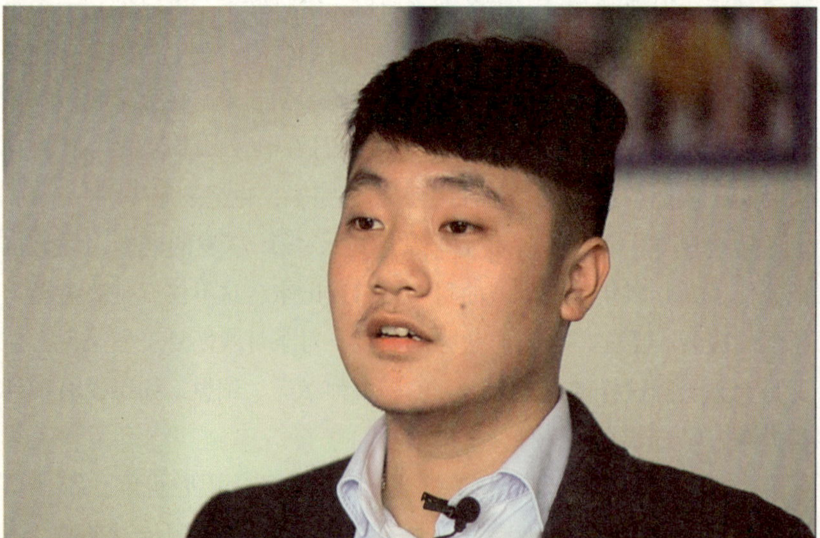

吕大兴孙子吕坤裕接受访问

学戏，我爷爷是教戏的老师，就很想让我去跟他去学。为了满足他的要求，我就跟他去学了。

当时好像是 2006 年，那时候应该是我最早学茶灯戏的时间，因为第一批教学的徒弟里面就有我。那时候我读小学二年级还是三年级，时间长了有点记不清。当时一起学的，大概十来个人，都是跟我差不多大的，就是村里的一些小伙伴。那时也是村里说要学，大家可能觉得挺有意思的，那时大家都还小不懂事，就学了嘛。当时我妹妹，还有翁金艳、朱诗雅、蓝昌林、翁慧玲、蓝俊，还有几个人的名字忘记了，当时我们都在读书的，是在放暑假的时候开始学的。

一开始是挑人。当时有很多人都想参加学茶灯戏，村里干部就说不需要人太多的，十一二个刚刚好。因为刚开始排练的第一部戏是《开茶园》，戏里的角色需要 12 个人，于是，当时就选定了 12 个人，有些人因为太小或者太大就没有选进来。接着，我们这些人开始学《开茶园》这部戏。一开始爷爷教我们背台词，当时我们都不知道剧本是有台词的，是爷爷他们台词弄好后给我们背的。我们先看台词，因为当时大家都已经认识字啦，爷爷就说你们先看，先把台词看懂，看懂了就会知道这个台词说了什么，这样有助于背。背台词有点苦的，爷爷要求我们用土话背，不准用普通话，他说茶灯戏不是说普通话的。

背熟台词之后，爷爷就一句一句地教，教大家唱，他教一句大家唱一句。唱不难学，有些茶灯戏调都差不多的，像《卖棉纱》和《大补缸》，两个基本上调是一样的，像这种调一样的比较好学，主要看一下词，然后有些地方稍微修改一下都会啦。教会了唱，接下来再往下教动作。练动作我们不是一口气就练好的，几个主演被要求分开来练的。比如说有我出场的地方，那我就是单独练。其他人也一样，单独出场单独练，最后合到一起，再一起唱，边唱边练，然后就这样子上台啦。一两次上台后，大家就都会了。我觉得茶灯戏不是很难学，我爷爷说他小时候学茶灯戏吃了不少苦头，可能跟他当时没有文化有关系。

刚开始的时候，大家都是小孩子，比较皮的，跟爷爷学戏有点闹着玩。我也喜欢闹着玩，他叫我往东，可能心里想着会往西。爷爷却教得很认真，看我们顽皮就会凶几句。有时候还跟我们讲故事，讲他小时候外出演茶灯戏赚花生、瓜子、糖果的故事，目的是想激发我们演茶灯戏的兴趣。后来，一段时间下来，大家都慢慢听话起来，小孩子都比较合群，其中有一两个听话，绝大多数都会跟着听话的，总的来说我们这些人还是很好管的。学茶灯戏也不一定说要有多好的天赋，只要你肯学，不要太偷懒，肯用心，认真把这事做好，就可以学出来。我们当时都是自己挑角色的，看自己喜欢扮演什么角色，就挑什么角色。

学戏过程中，其他小伙伴可能胆子没有我这么大，因为我是爷爷教的，所以我不怕的。我比他们胆子大，常常会主动去抢演一些主角，我觉得演主角有意思。有一部戏是《走广东》，戏里说的是一个要饭的乞丐，怎么一步步从乞丐转而发财的故事。我就是演这个乞丐的，一步一步演下来，挺有变化的。最好玩的是里面有个情节，乞丐吃饭啊什么的，都是要用手抓的，当时就觉得演这一块特别有趣。后来把戏里角色的习惯带到生活里面来了，在家里吃饭的时候，都要把自己打扮得很邋遢的样子，然后用手抓面条吃。一般大人都喜欢我们干净一点，当时手那么脏还去抓那个面条，确实很不卫生的。我妈说让我把这个手洗洗干净。我爷爷却觉得没有什么事，小孩子邋遢吃邋遢壮。我是最听爷爷话的一个人，我爷爷说怎么演就怎么演，就跟着他的话走。所以，演《走广东》留下的印象也最深刻。这部戏不是我演的第一部戏，第一部演的是《开茶园》，演的时候 12 个人都参与

吕大兴孙子吕坤裕（右一）在表演

的，就没有那么深刻的印象。

我从 2006 年开始学茶灯戏，一直学到 2010 年，学了三四年。后来读初中之后，接触茶灯戏就比较少了。因为我们原先一起演的人，有些人不是在本地读书了，这样我们人就凑不齐了。于是，村里就决定再挑一些年纪比较大的来演茶灯戏，这样，人比较稳定。我妈她就是那个时候去参加演茶灯戏的。

我们学好以后，乡里、村里就把我们带出去参加一些演出活动。记得有一次快开学了，我们出去演了两三次。第一次登台就在衢江区，演的就是《开茶园》。现在叫我演的话，我基本上都还会唱。假如叫我扮演一个角色，基本上还会一点，看看剧本，再练两下就行了，因为我们都很熟的。

演演茶灯戏，对山区孩子的个人成长还是有帮助的。我们这些乡下的小孩子，从小跟外面的接触很少，我觉得有茶灯戏这一平台，就有机会上台表演，有机会走出山村，有机会到大的地方去，见见世面，练练胆子。像我自己，学了茶灯戏，对我影响就非常大。我小的时候胆子不是很大，后来有机会到区里表演，到省里表演，胆子就练出来了。我觉得每次上台表演都是一次历练、一次练胆的过程。包括像我妈她们这些大人也是，我妈她们也到很多地方去表演，像遂昌、永康这些地方都去的。后来，还演给省里领导看。不学茶灯戏，谁有这些机会?

采访者：您对洋坑茶灯戏的传承发展有什么想法和建议?

吕坤裕：茶灯戏如何传承和发展？从我个人的角度来说，有两个体会。一个是需要一代又一代的人去学习。茶灯戏一直以来都是口口相传的，有它独具风格的东西，如果没有人一代一代地去唱去学，哪怕你现在整部戏都录下来，也没有像口口相传的那样学得好。时间长了，戏会走样，腔调也会走调。还有一个，不管我们村也好，乡也好，都应该重视起来，毕竟这个茶灯戏已经有 360 多年的历史，是非物质文化遗产，我爷爷他们传下来不容易。现在的年轻人对茶灯戏这样的传统文化兴趣不是很大，但不等于他们不喜欢。我们原先一班学茶灯戏的小伙伴，现在大家只要有机会在一块，比如过年这种节日，大家还会想到演一下茶灯戏。即使当时一下找不到戏服，我们也会高高兴兴登上台去。所以，学习和重视，才能把茶灯戏有效地传承下去。

五、吕大兴同事翁柏根访谈：吕大兴是洋坑村演茶灯戏的第一人，也是传承茶灯戏的第一人

采访者：您是洋坑本地人，对吕大兴老师比较熟悉，请您谈谈吕大兴老师与茶灯戏的一些情况。

翁柏根：我是洋坑村人，和吕大兴是同村，原先是乡镇干部，业余时间喜欢参与茶灯戏演出，所以，和吕大兴算得上是同事。听村里年纪大点的人说，吕大兴年轻的时候茶灯戏演得很漂亮的，他人也长得蛮漂亮，化装起来蛮好看的。那时人小，他演茶灯戏时才十来岁，今年都八十四了，都过去 70 多年了。据村里人讲呢，他记忆力也好，他除了自己演的一个角色，其他人演的角色台词，他都能够背下来，记在肚子里。这点是比较厉害的。大家都说演茶灯戏就是这个吕大兴演得最好。吕大兴演茶灯戏我是没有看到过，他是 1949 年前演的，我是 1949 年后才出生的，从他后来回忆口述茶灯戏剧本这点，就能知道他的确称得上洋坑村演茶灯戏的第一人。

记得 1983 年，衢州市领导觉得这个茶灯戏还蛮好的，就我们这里有，就叫我们排演，组织一批人排演几台戏，排好了再到衢州市去参加地方戏汇演。吕大兴当时也是组织里面的一员，主要负责教戏。演了之后，衢州市给我们评定了一个纪念奖，奖金、奖旗都拿来的，奖金发给了我们。

吕大兴同事翁柏根接受采访

1983年以后，茶灯戏又停掉了，停掉了以后就根本没有人搞了。一直到了2006年，那时候文化遗产普查啊什么的已经开始搞了，要挖掘地方文化。因为我们这里原先有茶灯戏，当时我们村的支部书记对这个也是蛮爱好的，趁这个机会，他就来组织重新把茶灯戏搞起来。那时找剧本也是没有的，连1983年演出时的剧本都没有人保存。那时都是手抄本，没有打印机的，都丢失了。这样，就把老艺人，像吕大兴他们都叫来，组织起来开始重新写剧本。

吕大兴把他以前学过的一些茶灯戏剧本，全部从肚子里掏出来，再让文化馆来的老师记下来，12部戏，都成功记了下来。有了剧本，我们就能够把这个事情传承下去了。他如果不回忆出来，我们根本演不了这个茶灯戏。这是关键，是他的功劳了，他对茶灯戏的传承确实是有大贡献的。其他人都不行，就只有他行。

吕大兴把茶灯戏回忆出来，老师又把他说出来的东西抄出来后，上面就要求我们开展恢复工作，说要让茶灯戏重新回到戏台。我们先从组织小孩演，再发展到组织大人演。后来还是大人演员发展得更多，一批一批，我们从2006年开始，大人、小孩儿前后总共换了四五批人。当时来搞茶灯戏，我们这些人都是全力以赴的，大人、小孩都是没有一分报酬的，大家积极性很高，白天演，晚上演，晚上甚至搞到很晚都在演。

这些新培养出来的演员，不管大人、小孩儿，你马上叫来，复习一下子，再到台上走一下，很快就会演的。茶灯戏比较大众化，记住台词，记住曲调，不会很难演。

吕大兴对茶灯戏的发展，除了把12部茶灯戏从记忆深处翻出来，变成一本本剧本，还有一个大的贡献就是做好了传承，带出来一大批徒弟、学生。吕大兴先是传承给小孩，2006年7月，村里组织了10多个小学生排演茶灯戏，教戏的事情都由吕大兴来做的。花了四十来天时间，吕大兴就把12部戏全部教好了。那么，吕大兴就是带出了10多个徒弟，要说传承就传承给了这些孩子。

吕大兴教戏很有一手的。12部茶灯戏，有12种调，都不一样的。而且一部《开茶园》，光光里面的《采茶歌》还有好几种调。他扮一个小生出来，他唱的那个“十七十八下南京”那个调，跟后面的老旦唱的调，也有点区别，也是不一样的。我们后台拉的也有点两样的。那个采茶歌，它有正采茶、倒采茶，还有十六横，三种采茶歌，都是12种调。比如《卖花线》的调，跟那个《大补缸》的调，还有

《卖棉纱》的调，都是两样的。包括《绣花鞋》《采桑》，都是有点像高腔那种调。吕大兴就有这个本事，这么多不同的调，他都会。也可以说，吕大兴教的是正宗茶灯戏，包括台词、曲调都是正宗的。

翁柏根也是茶灯戏后台之一

吕大兴给小孩教戏的时候，有些来陪孩子的大人在边上看，看着看着就产生了兴趣，也来跟他学戏了，在边上和孩子们一道跟吕大兴学戏。到8月底，孩子们学戏结束，要准备上学了，吕大兴马上转入教大人，主要是协助文化馆来的老师，他做做顾问。大人学戏不像小孩子那样顽皮，要认真得多，但学得要慢一点，吕大兴他们教了两个多月。大人里面有几个学得快一点，好一点的，后来当了老师。吕大兴毕竟岁数大了，教戏有点力不从心。他们当中的翁珍花、吕秀香两个开始都是吕大兴教出来的，后来，接过吕大兴的班，教村里很多大人学戏。到目前为止，她们已经传了四五批人下来了。

我觉得，如果吕大兴没有把这个茶灯戏传下来，茶灯戏就失传了，没有了。他把我们村的茶灯戏传下去了，这个是最大的好处。有了这个基础，我们以后要搞都可以搞下去的。到目前为止，从他手上教出来的徒弟已经有40多个了，前三批都是他教的。2006年以后，因为他岁数大了，老年人嘛，年纪大了，演出方面可能有点跟不上形势，就由区文化馆的人来帮助搞茶灯戏的传承工作。2006年以后他就没有怎么来了，基本上是他的学生翁珍花、吕秀香这一批人来教了。

我觉得这个茶灯戏发展呢，还是有潜力的。剧本现在都有了，人员也有了，再包括我们后台用到的这些乐器，都有了。如果前面的人老了，后面就会有年轻人跟上来，假如我们村没有人愿意学，可以到其他村去组织，我们举村乡这么一帮人还是凑得起来的。为了传承我们这个良好的曲目，为了纪念过去我们这个采茶丰收，我感觉如果能够发展下去，就是最大的成就。

六、吕大兴徒弟、儿媳妇翁锡娣访谈：老父亲不仅把茶灯戏的演唱技艺传给我们，更把好的家风传给我们

采访者：您既是吕大兴老师的儿媳妇，又是他教茶灯戏的徒弟，应该说对吕大兴老师比较了解，请您谈谈对吕大兴老师的看法。

翁锡娣：我是洋坑村人，自小一直生活在洋坑村。小时候家里人口多，负担重，加上又是女孩子，只上了三年学，小学都没有读到头，没学到多少文化。洋坑这地方离城里远，太偏僻，要说文化生活，村里人没多少可看可玩的，记得小时候看得最多的就是茶灯戏，都是自己村里人演的。因为听得多，看得多，和村里很多人一样，小时候就会东一句、西一句地来几段茶灯戏，但整部茶灯戏不会唱，没有系统学过。一直到了 2006 年 9 月，参加了村里组织的茶灯戏成人剧团，利用晚上等空闲时间，跟老父亲他们几个老艺人和文化馆来的老师学了两三个月，才能真正从头到尾唱下茶灯戏。

吕大兴在指导儿媳妇

我是1995年结的婚，自由恋爱的。夫家和娘家原本就是邻居，两家之间只隔了几幢房子。结婚前就了解老父亲的一些生活经历，常常听村里人讲他过去演茶灯戏的一些故事，知道他十一二岁的时候就会演12部茶灯戏，专门演旦角，名气很响的。而且，还是当年村里唯一一个能演全部茶灯戏的人，觉得他很了不起，有点崇拜他。嫁过来之后，成一家人了，天天坐在一张桌子上吃饭，接触多了，对老父亲了解得更具体，发现他身上不光有精湛的茶灯戏演唱技艺，还有很多老艺人的传统美德。

老父亲常常跟我们说，戏就是生活，生活就是戏，演戏就是教育大家生活中怎么做人。演茶灯戏，让他懂得了许多做人的道理，比如生活要乐观，做人要豁达，做事要用心。

老父亲这样说，也是这样做的。洋坑茶灯戏反映的都是我们山里人劳动和生活中快乐开心的一面，戏里大多是打打闹闹、充满乐趣的东西。所以，演茶灯戏潜移默化中会对我们的生活观念产生影响。日常生活中的老父亲乐观豁达，很少看到他愁眉苦脸。我嫁过来已经20多年，其间家里免不了磕磕碰碰，遇上烦恼的大事小事，但从来没有看到他借故对婆婆发过牢骚，开过大嗓门，两个老人总是能够心平气和地处理家庭日常的小纠葛。对待我更是像亲生女儿一样护着，照顾着，从来不给我们脸色看。用我们山里人的话来说，有好吃的，他都会给我们留一口。老父亲的这种乐观精神，对我们这些晚辈影响很大。20多年来，尽管我们家经济条件不是很好，但一家子和和睦睦，听不到拌嘴，也看不到红脸，被邻居们羡慕。

家庭和睦最好的例子就是过年。我有两个大伯子，两个姑娘。我嫁过来以后，每年过年两个大伯子都跟我家一起过的，两个姑娘年初二一家人就过来拜年，大大小小有二十多个人。年前办年货我家很壮观的，都要雇一辆小货车到城里去买菜、买糕点什么的，买好了再用小货车拉回家。

用心做事，是老父亲传给我们的第二个好家风。老父亲认准的事，他都会用百分之一百的精力去做。最突出的一件事，就是传承洋坑茶灯戏这项工作，说他几乎把老命都扑了上去也不过分。记得2006年7月，正是一年中最热的季节，乡里、村里为了抢救和恢复洋坑茶灯戏，专门把老父亲请去，希望他把12部洋坑茶灯戏的唱词和对白口述出来。做这事需要体力、脑力，一般年纪轻的人可能都吃不消，何况老父亲这样的老艺人。叫我们感动的是，每天早饭饭碗

翁锡娣（左一）在表演

一搁下，已经 73 岁高龄的老父亲立马赶到洋坑小学去做口述，一做就是一整天，天天如此。我们跟他开玩笑说："老爸，你这是去上班啊。"晚饭过后，还要叫上读小学四年级的小孙子，两个人一老一少坐在家里的白炽灯下复习茶灯戏口述功课。老父亲把白天口述的内容一字一句地重复一遍，孙子则帮他查看有没有漏字漏句，常常要做到很晚才会歇下来。我们担心他这样要劳累过头，劝他晚上就不要做这个事了，多注意休息。他总是笑着说，没事，没事，不把这事做圆满睡不着。这样繁重的工作，他一个古稀老人一连做了 14 天，硬是把 12 部茶灯戏的戏文全部回忆口述出来。区里来的文化干部都被他这种精神折服，说如果没有对茶灯戏的一腔热爱，谁能做到这一点！

12 部茶灯戏戏文口述工作完成以后，在这个基础上，村里开始组建茶灯戏儿童剧团，要把洋坑茶灯戏重新搬上舞台，需要会教戏的老师。由于村里 20 多年没人演过茶灯戏，一时找不到合适的茶灯戏指导老师，村里便来找老父亲，说还想继续麻烦他，请他教教孩子们学茶灯戏。开始，我们都觉得老父亲可能会推辞，教戏可是比口述剧本更加繁重的工作。没想到，老父亲二话不说，高高兴兴地接受了这个任务。当了指导老师，白天我们在家里就看不到老父亲的人影了。从挑选小演员，置办戏服，选择排练场地，到最后进入教学表演，事无巨细，他样样都要操心。每天晚上回家，看他一脸疲惫，我都要问他做这些事累不累。他理解我问话的意思，就回答说：哪能不累啊？可累了也要去，假如累了就不去，这些孩子叫谁来教呢？老父亲前后亲自教了 40 天，直到把这些孩子都教会为止。

老父亲教戏都是义务劳动的，加上后来成立的成人剧团，他前前后后一共教茶灯戏长达四个多月时间，没向村里要过一分报酬。他常常跟我们说，茶灯戏能在他手里传承下去，对他来说就是最好的报酬。当然，老父亲付出的努力和艰辛，大家都看在眼里，记在心里。这不，一年之后，他就评上了省级“非遗”茶灯戏项目的代表性传承人。这是他的光荣，也是我们家的荣耀。老父亲不但把茶灯戏的演唱技艺传给我们，更把大度、豁达的好家风传给了我们。

七、吕大兴同事、82 岁的洋坑茶灯戏锣鼓手朱永建访谈：吕大兴记性好，表演功夫到家，洋坑村找不到第二个这样有才艺的老艺人

采访者：朱老师，您曾经和吕大兴老师一起演出茶灯戏，您也是一位茶灯戏的老艺人了，请您谈谈和吕大兴老师一起演茶灯戏的情况。

朱永建：我是地地道道的洋坑村人，一直生活在洋坑村，今年 82 岁，比吕大兴小了 4 岁。我 11 岁的时候进村里的茶灯戏班子，专门扮演茶灯戏里的老生。从年龄和登台演出的时间来说，吕大兴称得上是我的师兄。和吕大兴一样，演了两三年，年龄稍微大点了，十三四岁光景，村里的戏班子就不让我登台表演了。这是洋坑茶灯戏的不足，太注重身高了，洋坑茶灯戏几十年来出不了名角，跟这个有关系。

不过，我比吕大兴幸运，我不演戏了就改行敲锣鼓，做了后台，几十年来一直和茶灯戏有关联。吕大兴呢，离开茶灯戏舞台以后，据我了解基本上没有再接触过茶灯戏，前台不准上，后台他又没学过。加上他父亲去世得早，又是家里的长子，要帮助母亲分担家庭生活的重担，他自己自然把很多心思用在家庭生活上了。一直到改革开放以后，政府重视起民间戏曲，要把停演几十年的洋坑茶灯戏重新搬上舞台，恢复起来，这个时候才把吕大兴请出来，做传授茶灯戏的老师，吕大兴终于重新出山，到了他发挥作用的时候。2007 年，由于

吕大兴和朱永建坐在朱氏祠堂里

对洋坑茶灯戏恢复有贡献，我跟吕大兴一道被评为省级非物质文化遗产——洋坑茶灯戏的代表性传承人。

尽管我们两人同是洋坑村人，可是一直没有同台演出过，两人差了三四岁，不可能同台，等我十一岁开始登台演出，十五岁的吕大兴早已经从舞台上下来两三年了。后来，为了搞好洋坑茶灯戏传承和发展这件事，把我们两人拉到一块做了搭档。吕大兴主要做舞台表演传授这一块工作，我主要管好后台乐队这一块工作，两人可以说是一个前台一个后台，村里人都说我们俩是一对最佳搭档。

长期搭档下来，对吕大兴有了更多了解，我心里对他非常佩服。第一，佩服他记性好，在记茶灯戏的唱词和对白上，洋坑村找不到第二个记性这么好的人了。了解茶灯戏的人都知道，洋坑茶灯戏几百年来都没有剧本，完全靠一代又一代老艺人死记硬背地记在肚子里，要用了再口口相传。以前经常看到这样的场面，要排演茶灯戏了，先由村里七八个老艺人坐在一块，你一部、我一部地把 12 部茶灯戏通过口述凑起来，然后，再一点一点地传授给那些十一二岁的小演员。

这种传授方法太落后，缺点很多。假如每年都要演茶灯戏，那是没有一点问题的，如果隔个三五年不演了，问题就出来了。俗话说，“拳不离手，曲不离口”，几年不唱，不演，光凭脑子，谁还能记得住茶灯戏里的唱词和对白呢？中华人民共和国成立以后，洋坑茶灯戏还真的碰上这样的事，差不多有二十来年村里没有开演过茶灯戏。这么长时间没演茶灯戏，记性再好的老艺人也要忘记戏里的唱词和对白了。为这事，我们几个老艺人都很担心，常常坐在一起叹息，照这样下去，要不了多久，洋坑茶灯戏就要失传了。

2006 年，乡里要恢复洋坑茶灯戏，来找我们这些老艺人商量如何开展恢复工作。我们说，要想恢复洋坑茶灯戏，首先要找到能把 12 部茶灯戏全部回忆起来的人，找不到这样的人，恢复工作就不用谈了。当时问了很多老艺人，都说这么多年过去，茶灯戏里的唱词和对白记不起来了。后来，有人忽然想到了吕大兴，说他当年都是演茶灯戏主角的，平时又经常听到他哼哼唱唱，说不定他能回忆得起来。乡里、村里的干部去找他，果然，找对了人，吕大兴很愉快地接下了任务。乡里专门把他请到洋坑小学，坐在一个教室里做口述工作。他前后用了 14 天时间，就把 12 部洋坑茶灯戏的唱词和对白全部口述出来了。人家可是中间隔断了 60 多年，能做到一字不差，这功夫十分了得，的确是个奇才。

第二，佩服他演唱功夫到家。在我们村里，吕大兴演茶灯戏的名声一直很响。听年纪大一点的老艺人们说，他的扮相特别好看，他演的是旦角，男扮女装，上台以后往那里一站，活脱脱就是一个俊俏的女人家。另外一个，他的嗓音特别好听，他一开口，假如事先不做介绍的话，台下的观众根本听不出是一个男孩子唱的。今天来看，此话依旧是名不虚传。吕大兴把 12 部茶灯戏剧本口述完成之后，接着，乡里、村里从洋坑村招来十来个小学生，成立了茶灯戏儿童剧团，请他当教戏的老师，指导小演员们学戏唱戏。我作为后台，配合他指导小演员排练。在现场，扎扎实实亲眼看到亲耳听到吕大兴高超的演唱技艺。茶灯戏到了他嘴里，他唱起来就是好听，特别是有些唱段的转调，他转得婉转动听，一点不生硬。

洋坑茶灯戏是小戏种，流传的地域不广，唱词和对白都是用洋坑本地方言唱的、说的。这个特点，现在的小演员有点不适应，唱起来的时候动不动就跑出普通话来，像戏里的“大姐哎”这个“大姐”，洋坑方言要唱成“大姊”，小演员们总是唱成“大姐”，少了味道。这种语言上的问题，我们听不出来，吕大兴能听出来。这也是他厉害

吕大兴和朱永建

的地方。

吕大兴演唱茶灯戏的高水平，还表现在他教戏上，表现在小演员的培养上。2006年8月，只用了40天时间，他就把12部茶灯戏全部教会了儿童剧团的小演员们。

八、衢江区实验小学音乐老师、茶灯戏工作坊指导老师金庆一访谈：吕大兴老师传承下来的洋坑茶灯戏是最纯正的茶灯戏，里面的台词和唱腔都保留了茶灯戏最基本的元素

采访者：金老师，你们实验小学茶灯戏工作坊在传承洋坑茶灯戏上做出了积极的贡献，在这中间，您也接触了吕大兴老师，您对他的印象怎样?

金庆一：我第一次知道洋坑茶灯戏是10年前的事，之前从来没有听说过洋坑茶灯戏，也不知道乌溪江库区里面有洋坑村这么一个地方。2010年9月，作为音乐老师我被派到举村乡小学支教。那年的12月底，举村乡在洋坑村举行送文化下乡活动，邀请我到活动现场唱首歌，我才第一次到了洋坑村，第一次在现场看了洋坑茶灯戏。当时，演的曲目是《开茶园》，由村里的成人剧团表演的。说实话，戏演完了我还没有看懂戏里到底演什么，台上演员都是用洋坑土话念对

学校音乐老师金庆一在指导学生

白和演唱的，听不懂。不过，戏里的唱腔倒是非常好听，我从来没有听到过。我向一起参加活动的乡干部了解，他们告诉我这是洋坑村独有的地方戏，在洋坑村已经流传了350多年，3年前被列入浙江省非物质文化遗产名录，它的代表性传承人是村里的老艺人吕大兴和朱永建。第一次接触洋坑茶灯戏，关于表演、台词这些方面留下的记忆不多，倒是它好听的唱腔给我留下了比较深的印象。

2015年9月，全区中小学校进行布局调整，举村乡小学撤并到我们学校，让我有机会再次接触到洋坑茶灯戏，对茶灯戏有了进一步的了解，也让我和洋坑茶灯戏、和吕大兴老师结了缘。当时，区非遗中心老师来学校跟我们商量，说原先在洋坑村小学办有洋坑茶灯戏传承班，现在这些小学生大部分在实验小学就读了，想在我们学校建立洋坑茶灯戏传承基地，把洋坑茶灯戏传承这件事继续做下去。学校很赞成，说传承民间艺术责无旁贷，把这件事接了过来，又把传承茶灯戏的具体工作落实到我们几个音乐老师身上。

接过传承洋坑茶灯戏这个重任，我们几个音乐老师都深感自己肩上的责任很重大。洋坑茶灯戏可以说是浙西地区少有的地方戏曲，

衢江区实验小学非遗社团学生在衢江区非遗展演上表演茶灯戏

吕大兴老师也是身怀绝技的民间老艺人，传承好洋坑茶灯戏既是对地方文化的发扬光大，也是对吕大兴老师的一种敬重。经过精心筹备，2016年9月，学校成立了茶灯戏社团，招收了第一批小学员，都是二三年级的女学生，总共16名，组成一个传承团队。指导老师本来想请吕大兴老师来担任的，考虑到他岁数大，路途远，就从洋坑村请来他的两个徒弟。我们先确定了《开茶园》和《绣花鞋》两部适合小学生演出的曲目，利用每周三下午的拓展课进行排练。2018年9月，茶灯戏社团改为茶灯戏工作坊，每年专门招收五六年级的女学生。茶灯戏工作坊不但在校内演，还走出校门，积极参加校外的文艺活动。每年的儿童节和重阳节，茶灯戏工作坊都要到学校所在地樟潭街道敬老院慰问演出，或者参加街道组织的群众文化活动，不但丰富了群众文化生活，也提高了洋坑茶灯戏的知名度。2018年6月，茶灯戏工作坊排练的《开茶园》在全市中小学生艺术节上夺得了一等奖。《绣花鞋》参加了衢江区少儿春晚的演出。

前面说了，茶灯戏社团刚成立的时候，我们把吕大兴老师的两个徒弟从山里请出来教戏的，后来，因为路途太远，来去不方便，我

《绣花鞋》参加衢江区少儿春晚演出

们换了教学的老师，把衢州市西安高腔传习所的老师请了来。新老师教的洋坑茶灯戏，曲调跟我第一次在洋坑村听到的不大一样，他们把洋坑茶灯戏原有的旋律进行了简化，加重了婺剧的成分。改编过的洋坑茶灯戏听着是动听了，但总觉得某个方面有点不妥，洋坑茶灯戏有些味道没有了。

“什么时候我一定要亲耳听一听吕大兴老师唱的茶灯戏。”我是音乐老师，对原汁原味的民间艺术有一种偏好，所以心里一直存有这个愿望。2017 年 5 月，全市中小学地方课程赛课，我报了个“地方戏曲永传唱”的课。为了课件的真实性，也为了再次听一听纯正的洋坑茶灯戏，我专门开车去了 70 公里外的洋坑村，找到了吕大兴老师。在村里的朱氏祠堂，我先把茶灯戏工作坊教唱的《绣花鞋》唱给他听：“春季百花开哎，妹妹绣花鞋哎，针针个线线绣出好风采哎，依格呀子呦，呀个依子呦，姑娘心灵手巧人人爱呀，她的心事谁来猜呀，姑娘好情怀哎！夏季热难当哎，媒人真荒唐哎，介绍个后生天亮不起床哎，依格呀子呦，呀个依子呦，姑娘一看转身把家回呀，不愿嫁个大懒汉呀，姑娘有主张哎……”我刚唱完，他就说：“你唱的茶灯戏跟我们唱的不一样，少了很多味道。你们唱的是一年四季春夏秋冬，我们唱的是一年里面的十个月。”说完，84 岁的吕大兴老师当场给我唱起了洋坑版的《绣花鞋》：“正月是新年，忙把花鞋连呀，连起花鞋呀儿呀，相送我同年。二月是花娇，忙把花鞋挑呀，挑起花鞋呀儿呀，相送我老表。三月是清明，花鞋绣得紧呀，绣起花鞋呀儿呀，绣起满天星……”唱完以后，他继续向我解释说：“你看，洋坑的《绣花鞋》是这个样的，茶灯戏是江西传过来的，它的唱词还保留着江西的地方语言特色，像第二句‘二月是花娇，忙把花鞋挑呀，挑起花鞋呀儿呀，相送我老表’，‘老表’就是江西话。还有，唱腔也是特别的，我们用的都是民间小调，山外面的茶灯戏差不多都用婺剧调。”接着，吕大兴老师还为我演唱了洋坑版本的《开茶园》《王婆骂鸡》《卖棉纱》等茶灯戏。

回到学校以后，我很长一段时间里都沉浸在回味里。可以说第二次的洋坑之行，让我在吕大兴老师那里听到了最有滋有味的茶灯戏，无论台词还是唱腔都保留了它们最原始的风貌，既有淳朴的乡间生活，又有快乐的劳动内容。

附 录

吕大兴大事年表

1934 年 2 月 2 日 吕大兴出生于浙江省衢州市衢江区举村乡洋坑村一个普通农家，为家中长子，父亲吕德清，母亲余金珠。

1942 年 开始学做农活，主要从事种地、砍柴、养猪等农业生产劳动及家务。

1944 年 农历正月初三，拜亲姑父朱英源为师，开始学习洋坑茶灯戏。学的第一部茶灯戏为《开茶园》。5 天后，正月初八，正式登上本村朱氏祠堂戏台，开演演艺生涯的第一部茶灯戏《开茶园》。农历正月初九，跟随村里茶灯戏班第一次参加外出演出，赴邻县遂昌、龙游等地，开展为期十五天的巡回演出。主演茶灯戏《王婆骂鸡》里的李妈妈、《走广东》里的阿妹等一系列曲目中的旦角。

1944 年 3 月至 1945 年 7 月

半天砍柴，半天上学，断断续续在村中私塾读了一年半书。

1945 年 12 月 经过两年时间的潜心学戏和登台演出，成为村里第一个会唱、会演《开茶园》《走广东》《大补缸》等 12 部茶灯戏的小演员。

1946 年 农历正月廿八，在龙游县八角殿村做最后一场演出，演出曲目《开茶园》。之后，因年龄和身高等原因正式告别茶灯戏舞台，此后 70 多年再也没有登台演出过洋坑茶灯戏。

1950 年 进洋坑村扫盲夜校读书，不仅认识 3000 多个汉字，还学会了汉语拼音。

1951年 担任洋坑村扫盲夜校识字老师，在夜校教汉语拼音。

1952年至1954年 因演唱技艺高超，被村里茶灯戏班聘为师父，传授洋坑茶灯戏，同时被遂昌、龙游等地邀请传授洋坑茶灯戏。

1954年至1955年 在翁源乡信用社当职工。

1956年 和翁七英结婚。婚后育有三儿两女。

1957年 担任洋口乡信用社社长。其间，兼任原岭头区供销社理事。

1959年11月至1960年12月

担任铜山源水库建设工程处乌溪江兵团司务长，后又担任文书。

1983年6月 洋坑村组建临时茶灯戏班，被邀担任指导老师，指导翁珍娜、吕冬香、吕大成等8个徒弟排练《开茶园》《王婆骂鸡》两部茶灯戏。

1983年12月 带队参加衢州市地方戏汇演，《开茶园》《王婆骂鸡》两部曲目获得汇演纪念奖。

2006年7月2日 开始参与洋坑茶灯戏恢复抢救工作，用14天时间完成12部洋坑茶灯戏戏文的口述整理工作，形成文字剧本，结束洋坑茶灯戏300多年没有文字剧本的历史，为洋坑茶灯戏的传承与发展做出重大贡献。

2006年7月19日 参与洋坑茶灯戏儿童剧团创建工作，并独自担任茶灯戏儿童剧团表演指导老师。40天后，经过精心指导排练，儿童剧团学会12部茶灯戏曲目。

2006年9月 参与创建洋坑茶灯戏成人剧团，并协助指导成人剧团演员排练。

2007年9月 被授予省级农村文化示范户，获奖金700元。

2007年10月 被浙江省文化厅认定为浙江省非物质文化遗产洋坑茶灯戏代表性传承人。

后 记

历时两年，数易其稿，《浙江省非物质文化遗产代表性传承人口述史丛书·吕大兴卷》终于编著成书。

回顾两年来的编写经历，感慨良多。刚接到编写此书任务时，说实话我们颇为担忧：一则，洋坑茶灯戏是地方小戏，可以说名不见经传，尽管历史悠久，影响面却局限于浙西偏僻的乌溪江山区；二则，2018 年 84 岁高龄的吕大兴老师演艺经历非常简单，仅在 11 岁、12 岁那两年上台演出茶灯戏，此后 70 多年没有再次登上过演出舞台，演艺生涯可谓短暂。面对这么平凡的茶灯戏，这么平常的民间老艺人，我们一次又一次地问自己：能写出内容丰富、地域特色鲜明的人物口述史吗？

随着采访和调查的不断深入，我们发现，原先的担忧似乎有点多余。洋坑茶灯戏虽然影响面小，生命力却非常顽强，360 多年来一直扎根于洋坑村人的心坎上。我们走在洋坑村的乡间小道，几乎时时处处都能听到农舍里传出来的男女老少吟唱茶灯戏的悠扬声调。吕大兴老师虽然人生经历很平常，在传承茶灯戏上却做出了常人无法比拟的贡献。在他 73 岁的时候，凭借自己超强的记忆，将 12 部洋坑茶灯戏的戏文全部口述出来，形成完整的文字剧本，使濒临失传的洋坑茶灯戏重现民间艺术之林。

洋坑茶灯戏不小，因为有热爱它的洋坑百姓。吕大兴老师不平常，因为有他对洋坑茶灯戏的重大贡献！这是我们经历两年编写工作所获得的最深切感受。同时，这段编写经历也让我们坚信，只要有吕大兴老师这样的民间艺人在，只要有洋坑村百姓这样的热爱之情，民间艺术定会代代相传！

由于我们水平有限，编写过程中疏漏和差错在所难免，祈请各方专家和广大读者批评指正。

编者

2020 年 10 月

责任编辑：刘　波

装帧设计：薛　蔚

责任校对：高余朵

责任印制：汪立峰

图书在版编目（CIP）数据

浙江省非物质文化遗产代表性传承人口述史丛书. 吕大兴卷 / 郭艺主编 ; 金一媚编著. -- 杭州 : 浙江摄影出版社, 2023.6

ISBN 978-7-5514-4507-8

Ⅰ. ①浙… Ⅱ. ①郭… ②金… Ⅲ. ①吕大兴－事迹 Ⅳ. ①K825.7

中国国家版本馆CIP数据核字（2023）第069597号

ZHEJIANGSHENG FEIWUZHI WENHUA YICHAN DAIBIAOXING CHUANCHENGREN KOUSHUSHI CONGSHU

浙江省非物质文化遗产代表性传承人口述史丛书

Lü DAXING JUAN

吕大兴卷

郭　艺　主编　金一媚　编著

浙江摄影出版社出版发行

地址：杭州市体育场路347号

邮编：310006

网址：www.photo.zjcb.com

制版：浙江新华图文制作有限公司

印刷：浙江兴发印务有限公司

开本：787mm × 1092mm　1/16

印张：7

2023年6月第1版　　2023年6月第1次印刷

ISBN 978-7-5514-4507-8

定价：68.00元